CONTEMPORÁNEA

Biblioteca

PABLO NERUDA

Crepusculario
El hondero entusiasta
Tentativa del hombre infinito

⊞ DeBOLS!LLO

Ch861   Neruda, Pablo
NER   Crepusculario. - 1ª ed. – Buenos Aires :
               Debolsillo, 2003.
               128 p. ; 19x13 cm.

               ISBN 987-1138-15-6

               I. Título. - 1. Poesía Chilena

Diseño de la portada: Departamento de diseño de Random House
                Mondadori
Directora de arte: Marta Borrell
Diseñadora: María Bergós
Fotografía de la portada: © Photónica/Cover

Nota del editor: agradecemos la valiosa colaboración de Susana Kaluzynski,
sin cuya ayuda esta edición no hubiera sido posible.

Impreso en la Argentina

Queda hecho el depósito que previene la ley 11.723
ISBN: 987-1138-15-6

Primera edición en la Argentina: septiembre de 2003

www.edsudamericana.com.ar

Se imprimieron de esta edición: 4.700 ejemplares para la Argentina, 800 ejemplares para
Chile y 500 ejemplares para Uruguay, en Verlap S.A., Comandante Spurr 653, Avellaneda,
Bs. As., en el mes de agosto de 2003.

PRÓLOGO

Neruda en el despertar de su poesía

Noé Jitrik

En el período que va de 1920 a 1926 Pablo Neruda –que hasta ese primer año era todavía Neftalí Ricardo Reyes, nacido en Parral en 1904– produce un conjunto de poemas que se organizan en cinco libros: *Crepusculario* (1920-1923), *El hondero entusiasta* (1923-1924), *El habitante y su esperanza* (1926), *Veinte poemas de amor y una canción desesperada* (1923-1924) y *Tentativa del hombre infinito* (1925). El cuarto es el más conocido y es el que se ha popularizado de tal modo que para muchos está incorporado a un imaginario en el que casi no hay cabida para ningún otro poeta ni poemas latinoamericanos; el tercero, en cambio, ha tenido poca suerte: sin haber sido olvidado, porque todo lo que concierne a Neruda se sigue recuperando, no parece ser considerado de la misma manera que los otros. De todos modos, la primera conclusión que se puede extraer de esta aproximación es que esos cinco años fueron de una gran euforia compositiva y, al observar los respectivos poemas, de grandes cambios formales: de uno a otro libro Neruda iba logrando modos poéticos y aun formas que lo iban haciendo reconocible y reconocido al mismo tiempo.

Ese vértigo había comenzado unos años antes, en Temuco, donde, huérfano de madre, pasó su infancia. En esa pequeña ciudad del sur de Chile, odiada en su momento pero fuente de evocaciones el resto de su vida –diría en 1938: «esta agua original y temible me advertía otra vez con su misterioso derrame mi conexión interminable con una determinada vida, región y muerte»–, despertó y comenzó a desplegarse ese «don» de la palabra poética que atravesaría con fuerza y decisión toda su vida y lo dotaría para construir una inigualable figura de poeta.

Entonces, igualmente, entre las brumas y las lluvias interminables de los bosques de Temuco –lo que sería después su «Chile, largo pétalo» que perduró siempre en su poesía– trató a Gabriela Mistral y aprendió de ella tal vez su intimismo, y del poeta Juvencio Valle la riqueza modernista cuya impronta se puede reconocer en los poemas de ese primer y arrebatado libro, *Crepusculario*.

Quizá el paisaje, pero también la orfandad y, sobre todo, la tristeza de un adolescente prodigioso pero desdichado, constituyan la materia fundamental de ese libro en el que se percibe tanto una experiencia vital limitada o más bien previsible –deseos, amores frustrados, soledades–, pero que se quiere sombría, como una sabiduría poética de doble fuente: el romanticismo subsistente, en el culto a la falta, al abandono, a la muerte, a la soledad, y el modernismo, con su bagaje de dispendio verbal. Tal vez, si ambas fuentes son como líneas de fuerza que se disputan, en *Crepusculario* la primera prevalece en ese ya personal modo de un desborde verbal, algo enfático y solemne, que se traduce por un confesionalismo irreprimible, en detrimento de lo paisajístico o descriptivo que poco a poco tomará la delantera hasta su culminación en *Canto general*; la segunda tiene que ver con restos de retórica, la perduración de la rima, por ejemplo, que va a desaparecer en los libros siguientes pero que es el fundamento, en la medida en que el modernismo puso a prueba procedimientos compositivos y asumió arriesgadas operaciones con las palabras, de su fracturada sintaxis, también registrable en *Crepusculario* pero ya muy evidente en *El hondero entusiasta*. Tal vez por ese lado se pueda explicar que en *Tentativa del hombre infinito* se puedan advertir lo que podríamos llamar «simpatías surrealistas», no surrealismo liso y llano, un eco lejano, nada más, de la vanguardia que Vicente Huidobro había empezado a enseñar pocos años antes, con esa audacia innovadora que se regó por todas partes.

Neruda comienza su gran obra, que ignora todavía que lo será, presentándose, en lo explícito, como «niño triste» o «poeta desdichado» («aquí estoy con mi pobre cuerpo», declara) y poco a poco esa imagen cambia de carácter y adquiere otro tamaño: será el «gran poeta», en el gesto: gesto lírico –porque no olvida nunca la «experiencia primera»– y civil –porque recoge lo que enseña la historia– en el linaje de los Martí, Darío, Lugones y todos los que hicieron de la poesía la clave de una identidad nacional americana. Pero esos comienzos no serán titubeantes sino muy certeros en la intención, tanto que se puede reconocer en ellos algunos rasgos propios de su espléndida madurez poética.

Se podría decir, de este modo, que probablemente los temas, no la entonación que, como lo señalé, es torrencial, de los poemas de *Crepusculario*, reaparezcan potenciados –desarrollados– en la obra posterior, que no sólo los ilumina sino que condiciona la mirada y tiende a hacer ver como maduras y homogéneas composiciones indudablemente juveniles. Es probable que lo sean pero, en la medida en que «son» de Neruda, tendemos a ver en ellas determinadas virtudes: cierta precisión enunciativa, un gesto muy definido respecto de la experiencia que sirve de punto de partida, una presencia de un «yo» que impregna todo el poema, un modo de diálogo que opera como interlocución declarativa y que crea un «tú» virtual, ese «tú» que tanto éxito tuvo en los *Veinte poemas*, una tendencia a la exclamación que, al expandirse posteriormente, confiere a su trazo ese carácter celebratorio tan evidente en *Poemas elementales* y en *Estravagario*.

En los poemas de *Crepusculario* parecen confundirse la creación poética, como lugar en el que se exhiben conflictos, y el creador, como el actor principal de esos conflictos. En «Final», último poema del libro, esta idea se sintetiza y expresa: «Fueron creadas por mí estas palabras / con sangre mía, con dolores míos / fueron creadas!». Si bien no postula, como lo hizo Huidobro, que el poeta es un «niño Dios», al menos exalta su carácter creador y, de paso, atribuye a la poesía una virtud canalizadora, a través de ella el dolor se redime, una nueva forma de sacrificio opera en ella.

Neruda evoluciona rápidamente: el hecho de que en *Crepusculario* haya resonancias simbolistas (la extraña paráfrasis de «Pelleas y Melisanda» en medio de una marejada de poemas de experiencia) neutralizó quizá lo que pudo ser un anacronismo romántico y, por el lado de la sintaxis, lo abrió a una perspectiva diferente, que canalizó en *El hondero entusiasta*; en este libro el «yo», obsesivo y hasta narcisístico previamente, adquiere una dimensión universal, ese «yo» se enfrenta con mares, inmensidades, estrellas, vientos, noches, muerte. Es cierto también que, acaso porque los poemas fueron escritos antes, subsiste todavía en este libro un confesionalismo autocompasivo y los referentes siguen siendo estridentes e inevitables, como si fueran también restos de una idea de la poesía como hecha de «palabras poéticas», lo que da una impresión de artificiosidad o bien, como él mismo lo admitió, una herencia del uruguayo Carlos Sabat Ercasty, cuya presencia fue tan gravitante en ese momento de su evolución.

El hondero entusiasta brota, incontenible, en un momento de fervor. La primera persona no es aquí sólo persona lírica sino apertura a protorrelatos entrecortados («Las piedras entusiastas que hagan parir la noche»), por lo general muy abstractos, que establecen, en su desbordante acumulación, una continuidad con los arrebatos de *Crepusculario*: es como si la idea de «forma» estuviera ingresando lentamente a su sistema y hacer poesía fuera un símil de la monstruosidad de la naturaleza. Espontáneo y vehemente, el poeta que en el título parece entender que él es quien lanza, el hondero, encierra en el adjetivo, entusiasta, conceptos que le son antagónicos, más bien depresivos; las palabras más frecuentes son reveladoras: derrota, grito, lloro, muerte, enemigos, asesinos, venas rotas, monstruoso, cansado, pájaros muertos, así como la profusión de autoimperativos, «Libértame de mí», reveladores de una suerte de violencia interior que se sustenta en una especie de ecuación: el amor es deseo, el deseo es furia. Fruto del momento, ese esquema, cuya lógica rencorosa es presumible, se suaviza casi al mismo tiempo en los *Veinte poemas* y deja paso a la celebración de lo otro, o de la otra, con la cual se identificaron miles y miles de lectores.

En 1921, el joven y esmirriado poeta, que usa una capa ferroviaria y se desliza por las noches y los recuerdos, deja Temuco –adonde regresa periódicamente como para reavivar imágenes primarias– y se instala en Santiago. La ciudad lo deslumbra y si bien entre ese año y 1925 no altera lo que podemos llamar su «depósito poético», o sea aquello sobre lo cual hace poemas, lo hace mirar y ver, lo hace recoger otro orden de experiencias, sociales e intelectuales, que realimentan lo que ya era una fuerte decisión. En ese contexto hay que leer el último libro de ese período, *Tentativa del hombre infinito*, que parece un borrador del libro consagratorio del momento siguiente, *Residencia en la tierra*. En *Tentativa* penetra su contemporaneidad, se emparenta más decididamente con el surrealismo pero no tanto porque se rinda a sus tópicos sino porque el «método» surrealista le sirve para dejar salir lo que en el plano formal ya traía: eliminación de la puntuación, fractura de las frases, arbitrariedad en la reunión de términos que configuran las metáforas y, en general, modos que parecen idóneos para enunciar el caos y las operaciones que tienen lugar en un inconsciente que no asume ese nombre y que procura una libertad poética sin trabas y sin reglas.

Pese a que en sus diversas etapas Neruda parece haber perseguido objetivos diferentes, sobre todo en lo temático y en lo intencional, podría decirse que su obra entera está recorrida por dos fuerzas; por un lado un anhelo de «hacer conocer» y, por el otro, una voluntad de «elaborar». El primer aspecto subsume tanto la expresividad de su «yo» como la denuncia histórica (*Canto general*) y política (*Las uvas y el viento*); el segundo tiene que ver con una búsqueda, ya sea en el orden de la sintaxis poética ya en el orden trascendente de una intención como sería, según algunos, obtener y dar una voz propia a la cultura americana. En la realización de esa empresa, que de a ratos tiene el aspecto de un proyecto, las relaciones con lo europeo son tan claras como lo permite la fatalidad de actuar con los elementos que provee la cultura europea pero sin someterse a ellos; el modo que Neruda halló fue a través de la noción de «palabra refinada», que siguió desde esos comienzos que podían haber sido vacilantes pero en los cuales no puede dejar de percibirse una fuerza elemental que, viendo el conjunto, prosiguió sin desmayo durante más de cinco décadas.

Crepusculario

[1920-1923]

A Juan Gandulfo,
este libro de otro tiempo

PABLO

HELIOS Y LAS CANCIONES

Inicial

He ido bajo Helios, que me mira sangrante
laborando en silencio mis jardines ausentes.

Mi voz será la misma del sembrador que cante
cuando bote a los surcos siembras de pulpa ardiente.

Cierro, cierro los labios, pero en rosas tremantes
se desata mi voz, como el agua en la fuente.

Que si no son pomposas, que si no son fragantes,
son las primeras rosas –hermano caminante–
de mi desconsolado jardín adolescente.

Esta iglesia no tiene

Esta iglesia no tiene lampadarios votivos,
no tiene candelabros ni ceras amarillas,
no necesita el alma de vitrales ojivos
para besar las hostias y rezar de rodillas.

El sermón sin inciensos es como una semilla
de carne y luz que cae temblando al surco vivo:
el Padre-Nuestro, rezo de la vida sencilla,
tiene un sabor de pan frutal y primitivo...

Tiene un sabor de pan. Oloroso pan prieto
que allá en la infancia blanca entregó su secreto
a toda alma fragante que lo quiso escuchar...

Y el Padre-Nuestro en medio de la noche se pierde;
corre desnudo sobre las heredades verdes
y todo estremecido se sumerge en el mar...

Pantheos

Oh pedazo, pedazo de miseria, en qué vida
tienes tus manos albas y tu cabeza triste?
...Y tanto andar, y tanto llorar las cosas idas
sin saber qué dolores fueron los que tuviste.

Sin saber qué pan blanco te nutrió, ni qué duna
te envolvió con su arena, te fundió en su calor,
sin saber si eres carne, si eres sol, si eres luna,
sin saber si sufriste nuestro mismo dolor.

Si estás en este árbol o si lloras conmigo,
qué es lo que quieres, pedazo de miseria y amigo
de la cansada carne que no quiere perderte?

Si quieres no nos digas de qué racimo somos,
no nos digas el cuándo, no nos digas el cómo,
pero dinos adónde nos llevará la muerte...

Viejo ciego, llorabas

Viejo ciego, llorabas cuando tu vida era
buena, cuando tenías en tus ojos el sol:

pero si ya el silencio llegó, qué es lo que esperas,
qué es lo que esperas, ciego, qué esperas del dolor?

En tu rincón semejas un niño que naciera
sin pies para la tierra, sin ojos para el mar,
y que como las bestias entre la noche ciega
—sin día y sin crepúsculo— se cansan de esperar.

Porque si tú conoces el camino que lleva
en dos o tres minutos hacia la vida nueva,
viejo ciego, qué esperas, qué puedes esperar?

Y si por la amargura más bruta del destino,
animal viejo y ciego, no sabes el camino,
yo que tengo dos ojos te lo puedo enseñar.

El nuevo soneto a Helena

Cuando estés vieja, niña (Ronsard ya te lo dijo),
te acordarás de aquellos versos que yo decía.
Tendrás los senos tristes de amamantar tus hijos,
los últimos retoños de tu vida vacía...

Yo estaré tan lejano que tus manos de cera
ararán el recuerdo de mis ruinas desnudas.
Comprenderás que puede nevar en primavera
y que en la primavera las nieves son más crudas.

Yo estaré tan lejano que el amor y la pena
que antes vacié en tu vida como un ánfora plena
estarán condenados a morir en mis manos...

Y será tarde porque se fue mi adolescencia,
tarde porque las flores una vez dan esencia
y porque aunque me llames yo estaré tan lejano...

Sensación de olor

Fragancia
de lilas...

Claros atardeceres de mi lejana infancia
que fluyó como el cauce de unas aguas tranquilas.

Y después un pañuelo temblando en la distancia.
Bajo el cielo de seda la estrella que titila.

Nada más. Pies cansados en las largas errancias
y un dolor, un dolor que remuerde y se afila.

...Y a lo lejos campanas, canciones, penas, ansias,
vírgenes que tenían tan dulces las pupilas.

Fragancia
de lilas...

Ivresse

Hoy que danza en mi cuerpo la pasión de Paolo
y ebrio de un sueño alegre mi corazón se agita:
hoy que sé la alegría de ser libre y ser solo
como el pistilo de una margarita infinita:

oh mujer –carne y sueño–, ven a encantarme un poco,
ven a vaciar tus copas de sol en mi camino:
que en mi barco amarillo tiemblen tus senos locos
y ebrios de juventud, que es el más bello vino.

Es bello porque nosotros lo bebemos
en estos temblorosos vasos de nuestro ser

que nos niegan el goce para que lo gocemos.
Bebamos. Nunca dejemos de beber.

Nunca, mujer, rayo de luz, pulpa blanca de poma,
suavices la pisada que no te hará sufrir.
Sembremos la llanura antes de arar la loma.
Vivir será primero, después será morir.

Y después que en la ruta se apaguen nuestras huellas
y en el azul paremos nuestras blancas escalas
– flechas de oro que atajan en vano las estrellas –,
oh Francesca, hacia dónde te llevarán mis alas!

Morena, la Besadora

Cabellera rubia, suelta,
corriendo como un estero,
cabellera.

Uñas duras y doradas,
flores curvas y sensuales,
uñas duras y doradas.

Comba del vientre, escondida,
y abierta como una fruta
o una herida.

Dulce rodilla desnuda
apretada en mis rodillas,
dulce rodilla desnuda.

Enredadera del pelo
entre la oferta redonda
de los senos.

Huella que dura en el lecho,
huella dormida en el alma,
palabras locas.

Perdidas palabras locas:
rematarán mis canciones,
se morirán nuestras bocas.

Morena, la Besadora,
rosal de todas las rosas
en una hora.

Besadora dulce y rubia,
me iré,
te irás, Besadora.

Pero aún tengo la aurora
enredada en cada sien.

Bésame, por eso, ahora,
bésame, Besadora,
ahora y en la hora
de nuestra muerte.
                              Amén.

Oración

Carne doliente y machacada,
raudal de llanto sobre cada
noche de jergón malsano:
en esta hora yo quisiera
ver encantarse mis quimeras
a flor de labio, pecho y mano,
para que desciendan ellas
−las puras y únicas estrellas

de los jardines de mi amor —
en caravanas impolutas
sobre las almas de las putas
de estas ciudades del dolor.

Mal del amor, sensual laceria:
campana negra de miseria:
rosas del lecho de arrabal,
abierto al mal como un camino
por donde va el placer y el vino
desde la gloria al hospital.

En esta hora en que las lilas
sacuden sus hojas tranquilas
para botar el polvo impuro,
vuela mi espíritu intocado,
traspasa el huerto y el vallado,
abre la puerta, salta el muro

y va enredando en su camino
el mal dolor, el agrio sino,
y desnudando la raigambre
de las mujeres que lucharon
y cayeron
y pecaron
y murieron
bajo los látigos del hambre.

No sólo es seda lo que escribo:
que el verso mío sea vivo
como recuerdo en tierra ajena
para alumbrar la mala suerte
de los que van hacia la muerte
como la sangre por las venas.

De los que van desde la vida
rotas las manos doloridas
en todas las zarzas ajenas:

de los que en estas horas quietas
no tienen madres ni poetas
para la pena.

Porque la frente en esta hora
se dobla y la mirada llora
saltando dolores y muros:
en esta hora en que las lilas
sacuden sus hojas tranquilas
para botar el polvo impuro.

El estribillo del turco

Flor el pantano, vertiente la roca:
tu alma embellece lo que toca.

La carne pasa, tu vida queda
toda en mi verso de sangre o de seda.

Hay que ser dulce sobre todas las cosas:
más que un chacal vale una mariposa.

Eres gusano que labra y opera:
para ti crecen las verdes moreras.

Para que tejas tu seda celeste
la ciudad parece tranquila y agreste.

Gusano que labras, de pronto eres viejo:
el dolor del mundo crispa tus artejos!

A la muerte tu alma desnuda se asoma,
y le brotan alas de águila y paloma!

Y guarda la tierra tus vírgenes actas,
hermano gusano, tus sedas intactas.

Vive en el alba y el crepúsculo,
adora el tigre y el corpúsculo,
comprende la polea y el músculo!

Que se te vaya la vida, hermano,
no en lo divino sino en lo humano,
no en las estrellas sino en tus manos.

Que llegará la noche y luego
serás de tierra, de viento o de fuego.

Por eso deja que todas tus puertas
se cimbren, a todos los vientos abiertas.

Y de tu huerta al viajero convida:
dale al viajero la flor de tu vida!

Y no seas duro, ni parco, ni terco:
sé una frutaleda sin garfios ni cercos!

Dulce hay que ser y darse a todos,
para vivir no hay otro modo

de ser dulces. Darse a las gentes
como a la tierra las vertientes.

Y no temer. Y no pensar.
Dar
para volver a dar.

Que quien se da no se termina
porque hay en él pulpa divina.

Como se dan sin terminarse, hermano mío,
al mar las aguas de los ríos!

Que mi canto en tu vida dore lo que deseas.
Tu buena voluntad torne en luz lo que miras.
Que tu vida así sea.

—Mentira, mentira, mentira!

El castillo maldito

Mientras camino la acera va golpeándome los pies,
el fulgor de las estrellas me va rompiendo los ojos.
Se me cae un pensamiento como se cae una mies
del carro que tambaleando raya los pardos rastrojos.

Oh pensamientos perdidos que nunca nadie recoge,
si la palabra se dice, la sensación queda adentro:
espiga sin madurar, Satanás le encuentre troje,
que yo con los ojos rotos no le busco ni le encuentro!

Que yo con los ojos rotos sigo una ruta sin fin...
Por qué de los pensamientos, por qué de la vida en vano?
Como se muere la música si se deshace el violín,
no moveré mi canción cuando no mueva mis manos.

Alto de mi corazón en la explanada desierta
donde estoy crucificado como el dolor en un verso...
Mi vida es un gran castillo sin ventanas y sin puertas
y para que tú no llegues por esta senda,
                              la tuerzo.

FAREWELL Y LOS SOLLOZOS

Farewell

I

Desde el fondo de ti, y arrodillado,
un niño triste, como yo, nos mira.

Por esa vida que arderá en sus venas
tendrían que amarrarse nuestras vidas.

Por esas manos, hijas de tus manos,
tendrían que matar las manos mías.

Por sus ojos abiertos en la tierra
veré en los tuyos lágrimas un día.

2

Yo no lo quiero, Amada.

Para que nada nos amarre
que no nos una nada.

Ni la palabra que aromó tu boca,
ni lo que no dijeron las palabras.

Ni la fiesta de amor que no tuvimos,
ni tus sollozos junto a la ventana.

3

(Amo el amor de los marineros
que besan y se van.

Dejan una promesa.
No vuelven nunca más.

En cada puerto una mujer espera:
los marineros besan y se van.

Una noche se acuestan con la muerte
en el lecho del mar.

4

Amo el amor que se reparte
en besos, lecho y pan.

Amor que puede ser eterno
y puede ser fugaz.

Amor que quiere libertarse
para volver a amar.

Amor divinizado que se acerca
Amor divinizado que se va.)

5

Ya no se encantarán mis ojos en tus ojos,
ya no se endulzará junto a ti mi dolor.

Pero hacia donde vaya llevaré tu mirada
y hacia donde camines llevarás mi dolor.

Fui tuyo, fuiste mía. Qué más? Juntos hicimos
un recodo en la ruta donde el amor pasó.

Fui tuyo, fuiste mía. Tú serás del que te ame,
del que corte en tu huerto lo que he sembrado yo.

Yo me voy. Estoy triste: pero siempre estoy triste.
Vengo desde tus brazos. No sé hacia dónde voy.

... Desde tu corazón me dice adiós un niño.
Y yo le digo adiós.

El padre

Tierra de sembradura inculta y brava,
tierra en que no hay esteros ni caminos,
mi vida bajo el sol tiembla y se alarga.

Padre, tus ojos dulces nada pueden,
como nada pudieron las estrellas
que me abrasan los ojos y las sienes.

El mal de amor me enceguecíó la vista
y en la fontana dulce de mi sueño
se reflejó otra fuente estremecida.

Después... Pregunta a Dios por qué me dieron
lo que me dieron y por qué después
supe una soledad de tierra y cielo.

Mira, mi juventud fue un brote puro
que se quedó sin estallar y pierde
su dulzura de sangres y de jugos.

El sol que cae y cae eternamente
se cansó de besarla... Y el otoño.
Padre, tus ojos dulces nada pueden.

Escucharé en la noche tus palabras:
... niño, mi niño...
                            Y en la noche inmensa
seguiré con mis llagas y tus llagas.

El ciego de la pandereta

Ciego, siempre será tu ayer mañana?
Siempre estará tu pandereta pobre
estremeciendo tus manos crispadas?

Yo voy pasando y veo tu silueta
y me parece que es tu corazón
el que se cimbra con tu pandereta.

Yo pasé ayer y supe tu dolor:
dolor que siendo yo quien lo ha sabido
es mucho mayor.

No volveré por no volverte a ver,
pero mañana tu silueta negra
estará como ayer:

la mano que recibe,
los ojos que no ven,
la cara parda, lastimosa y triste,
golpeando en cada salto la pared.

Ciego, ya voy pasando y ya te miro,
y de rabia y dolor –qué sé yo qué!–
algo me aprieta el corazón,
el corazón y la sien.

Por tus ojos que nunca han mirado
cambiara yo los míos que te ven!

Amor

Mujer, yo hubiera sido tu hijo, por beberte
la leche de los senos como de un manantial,
por mirarte y sentirte a mi lado y tenerte
en la risa de oro y la voz de cristal.

Por sentirte en mis venas como Dios en los ríos
y adorarte en los tristes huesos de polvo y cal,
porque tu ser pasara sin pena al lado mío
y saliera en la estrofa −limpio de todo mal−.

Cómo sabría amarte, mujer, cómo sabría
amarte, amarte como nadie supo jamás!
Morir y todavía
amarte más.
Y todavía
amarte más
            y más.

Barrio sin luz

Se va la poesía de las cosas
o no la puede condensar mi vida?
Ayer −mirando el último crepúsculo−
yo era un manchón de musgo entre unas ruinas.

Las ciudades −hollines y venganzas−,
la cochinada gris de los suburbios,

la oficina que encorva las espaldas,
el jefe de ojos turbios.

Sangre de un arrebol sobre los cerros,
sangre sobre las calles y las plazas,
dolor de corazones rotos,
podre de hastíos y de lágrimas.

Un río abraza el arrabal como una
mano helada que tienta en las tinieblas:
sobre sus aguas
se avergüenzan de verse las estrellas.

Y las casas que esconden los deseos
detrás de las ventanas luminosas,
mientras afuera el viento
lleva un poco de barro a cada rosa.

Lejos... la bruma de las olvidanzas
– humos espesos, tajamares rotos –,
y el campo, el campo verde!, en que jadean
los bueyes y los hombres sudorosos.

Y aquí estoy yo, brotado entre las ruinas,
mordiendo solo todas las tristezas,
como si el llanto fuera una semilla
y yo el único surco de la tierra.

Puentes

Puentes: arcos de acero azul adonde vienen
a dar su despedida los que pasan
– por arriba los trenes,
por abajo las aguas –,
enfermos de seguir un largo viaje

que principia, que sigue y nunca acaba.
Cielos – arriba –, cielos,
y pájaros que pasan
sin detenerse, caminando como
los trenes y las aguas.

Qué maldición cayó sobre vosotros?
Qué esperáis en la noche densa y larga
con los brazos abiertos como un niño
que muere a la llegada de su hermana?

Qué voz de maldición pasiva y negra
sobre vosotros extendió sus alas,
para hacer que siguieran
el viaje que no acaba
los paisajes, la vida, el sol, la tierra,
los trenes y las aguas,
mientras la angustia inmóvil del acero
se hunde más en la tierra y más la clava?

Maestranzas de noche

Hierro negro que duerme, fierro negro que gime
por cada poro un grito de desconsolación.

Las cenizas ardidas sobre la tierra triste,
los caldos en que el bronce derritió su dolor.

Aves de qué lejano país desventurado
graznaron en la noche dolorosa y sin fin?

Y el grito se me crispa como un nervio enroscado
o como la cuerda rota de un violín.

Cada máquina tiene una pupila abierta
para mirarme a mí.

En las paredes cuelgan las interrogaciones,
florece en las bigornias el alma de los bronces
y hay un temblor de pasos en los cuartos desiertos.

Y entre la noche negra −desesperadas− corren
y sollozan las almas de los obreros muertos.

Aromos rubios en los campos de Loncoche

La pata gris del Malo pisó estas pardas tierras,
hirió estos dulces surcos, movió estos curvos montes,
rasguñó las llanuras guardadas por la hilera
rural de las derechas alamedas bifrontes.

El terraplén yacente removió su cansancio,
se abrió como una mano desesperada el cerro,
en cabalgatas ebrias galopaban las nubes
arrancando de Dios, de la tierra y del cielo.

El agua entró en la tierra mientras la tierra huía
abiertas las entrañas y anegada la frente:
hacia los cuatro vientos, en las tardes malditas,
rodaban −ululando como tigres− los trenes.

Yo soy una palabra de este paisaje muerto,
yo soy el corazón de este cielo vacío:
cuando voy por los campos, con el alma en el viento,
mis venas continúan el rumor de los ríos.

A dónde vas ahora? −Sobre el cielo la greda
del crepúsculo, para los dedos de la noche.
No alumbrarán estrellas... A mis ojos se enredan
aromos rubios en los campos de Loncoche.

Grita

Amor, llegado que hayas a mi fuente lejana,
cuida de no morderme con tu voz de ilusión:
que mi dolor oscuro no se muera en tus alas,
que en tu garganta de oro no se ahogue mi voz.

       Amor – llegado que hayas
       a mi fuente lejana,
       sé turbión que desuella,
       sé rompiente que clava.

       Amor, deshace el ritmo
       de mis aguas tranquilas:
sabe ser el dolor que retiembla y que sufre,
sábeme ser la angustia que se retuerce y grita.

       No me des el olvido.
       No me des la ilusión.
Porque todas las hojas que a la tierra han caído
me tienen amarillo de oro el corazón.

       Amor – llegado que hayas
       a mi fuente lejana,
       tuérceme las vertientes,
       críspame las entrañas.

Y así una tarde – Amor de manos crueles –,
arrodillado, te daré las gracias.

Los jugadores

Juegan, juegan.
Agachados, arrugados, decrépitos.

Este hombre torvo
junto a los mares de su patria, más lejana que el sol,
cantó bellas canciones.

Canción de la belleza de la tierra,
canción de la belleza de la Amada,
canción, canción
que no precisa fin.

Este otro de la mano en la frente,
pálido como la última hoja de un árbol,
debe tener hijas rubias
de carne apretada,
granada,
rosada.

Juegan, juegan.

Los miro entre la vaga bruma del gas y el humo.
Y mirando estos hombres sé que la vida es triste.

LOS CREPÚSCULOS DE MARURI

La tarde sobre los tejados

(Lentísimo)

La tarde sobre los tejados
cae
y cae...
Quién le dio para que viniera
alas de ave?

Y este silencio que lo llena
todo,
desde qué país de astros
se vino solo?

Y por qué esta bruma
—plúmula trémula—
beso de lluvia
—sensitiva—

cayó en silencio —y para siempre—
sobre mi vida?

Si Dios está en mi verso

Perro mío,
si Dios está en mi verso,
Dios soy yo.

Si Dios está en tus ojos doloridos,
tú eres Dios.

Y en este mundo inmenso nadie existe
que se arrodille ante nosotros dos!

Amigo

1

Amigo, llévate lo que tú quieras,
penetra tu mirada en los rincones,
y si así lo deseas yo te doy mi alma entera
con sus blancas avenidas y sus canciones.

2

Amigo —con la tarde haz que se vaya
este inútil y viejo deseo de vencer.

Bebe en mi cántaro si tienes sed.

Amigo —con la tarde haz que se vaya
este deseo mío de que todo rosal
me pertenezca.
                    Amigo,
si tienes hambre come de mi pan.

3

Todo, amigo, lo he hecho para ti. Todo esto
que sin mirar verás en mi estancia desnuda:
todo esto que se eleva por los muros derechos
—como mi corazón— siempre buscando altura.

Te sonríes –amigo. Qué importa. Nadie sabe
entregar en las manos lo que se esconde adentro,
pero yo te doy mi alma, ánfora de mieles suaves,
y todo te lo doy... Menos aquel recuerdo...

... Que en mi heredad vacía aquel amor perdido
es una rosa blanca que se abre en silencio...

Mariposa de otoño

La mariposa volotea
y arde –con el sol– a veces.

Mancha volante y llamarada,
ahora se queda parada
sobre una hoja que la mece.

Me decían: –No tienes nada.
No estás enfermo. Te parece.

Yo tampoco decía nada.
Y pasó el tiempo de las mieses.

Hoy una mano de congoja
llena de otoño el horizonte.
Y hasta de mi alma caen hojas.

Me decían: –No tienes nada.
No estás enfermo. Te parece.

Era la hora de las espigas.
El sol, ahora,
convalece.

Todo se va en la vida, amigos.
Se va o perece.

Se va la mano que te induce.
Se va o perece.

Se va la rosa que desates.
También la boca que te bese.

El agua, la sombra y el vaso.
Se va o perece.

Pasó la hora de las espigas.
El sol, ahora, convalece.

Su lengua tibia me rodea.
También me dice: —Te parece.

La mariposa volotea,
revolotea,
y desaparece.

Dame la maga fiesta

Dios —de dónde sacaste para encender el cielo
este maravilloso crepúsculo de cobre?
Por él supe llenarme de alegría de nuevo,
y la mala mirada supe tornarla noble.

Entre las llamaradas amarillas y verdes
se alumbró el lampadario de un sol desconocido
que rajó las azules llanuras del oeste
y volcó en las montañas sus fuentes y sus ríos.

Dame la maga fiesta, Dios, déjala en mi vida,
dame los fuegos tuyos para alumbrar la tierra,
deja en mi corazón tu lámpara encendida
y yo seré el aceite de su lumbre suprema.

Y me iré por los campos en la noche estrellada
con los brazos abiertos y la frente desnuda,
cantando aires ingenuos con las mismas palabras
que en la noche se dicen los campos y la luna.

Me peina el viento los cabellos

Me peina el viento los cabellos
como una mano maternal:
abro la puerta del recuerdo
y el pensamiento se me va.

Son otras voces las que llevo,
es de otros labios mi cantar:
hasta mi gruta de recuerdos
tiene una extraña claridad!

Frutos de tierras extranjeras,
olas azules de otro mar,
amores de otros hombres, penas
que no me atrevo a recordar.

Y el viento, el viento que me peina
como una mano maternal!

Mi verdad se pierde en la noche:
no tengo noche ni verdad!

Tendido en medio del camino
deben pisarme para andar.

Pasan por mí sus corazones
ebrios de vino y de soñar.

Yo soy un puente inmóvil entre
tu corazón y la eternidad.

Si me muriera de repente
no dejaría de cantar!

Saudade

Saudade – Qué será?... yo no sé... lo he buscado
en unos diccionarios empolvados y antiguos
y en otros libros que no me han dado el significado
de esta dulce palabra de perfiles ambiguos.

Dicen que azules son las montañas como ella,
que en ella se oscurecen los amores lejanos,
y un noble y buen amigo mío (y de las estrellas)
la nombra en un temblor de trenzas y de manos.

Y hoy en Eça de Queiroz sin mirar la adivino,
su secreto se evade, su dulzura me obsede
como una mariposa de cuerpo extraño y fino
siempre lejos –tan lejos! – de mis tranquilas redes.

Saudade... Oiga, vecino, sabe el significado
de esta palabra blanca que como un pez se evade?
No... Y me tiembla en la boca su temblor delicado...
Saudade...

No lo había mirado

No lo había mirado y nuestros pasos
sonaban juntos.

Nunca escuché su voz y mi voz iba
llenando el mundo.

Y hubo un día de sol y mi alegría
en mí no cupo.

Sentí la angustia de cargar la nueva
soledad del crepúsculo.

Lo sentí junto a mí, brazos ardiendo,
limpio, sangrante, puro.

Y mi dolor, bajo la noche negra
entró en su corazón.

Y vamos juntos.

Mi alma

Mi alma es un *carrousel* vacío en el crepúsculo.

Aquí estoy con mi pobre cuerpo

Aquí estoy con mi pobre cuerpo frente al crepúsculo
que entinta de oros rojos el cielo de la tarde:
mientras entre la niebla los árboles oscuros
se libertan y salen a danzar por las calles.

Yo no sé por qué estoy aquí, ni cuándo vine
ni por qué la luz roja del sol lo llena todo:
me basta con sentir frente a mi cuerpo triste
la inmensidad de un cielo de luz teñido de oro,

la inmensa rojedad de un sol que ya no existe,
el inmenso cadáver de una tierra ya muerta,
y frente a las astrales luminarias que tiñen el cielo,
la inmensidad de mi alma bajo la tarde inmensa.

Hoy, que es el cumpleaños de mi hermana

Hoy, que es el cumpleaños de mi hermana, no tengo
nada que darle, nada. No tengo nada, hermana.
Todo lo que poseo siempre lo llevo lejos.
A veces hasta mi alma me parece lejana.

Pobre como una hoja amarilla de otoño
y cantor como un hilo de agua sobre una huerta:
los dolores, tú sabes cómo me caen todos
como al camino caen todas las hojas muertas.

Mis alegrías nunca las sabrás, hermanita,
y mi dolor es ése, no te las puedo dar:
vinieron como pájaros a posarse en mi vida,
una palabra dura las haría volar.

Pienso que también ellas me dejarán un día,
que me quedaré solo, como nunca lo estuve.
Tú lo sabes, hermana, la soledad me lleva
hacia el fin de la tierra como el viento a las nubes!

Pero para qué es esto de pensamientos tristes!
A ti menos que a nadie debe afligir mi voz!
Después de todo nada de esto que digo existe...
No vayas a contárselo a mi madre, por Dios!

Uno no sabe cómo va hilvanando mentiras,
y uno dice por ellas, y ellas hablan por uno.
Piensa que tengo el alma toda llena de risas,
y no te engañarás, hermana, te lo juro.

Mujer, nada me has dado

Nada me has dado y para ti mi vida
deshoja su rosal de desconsuelo,
porque ves estas cosas que yo miro,
las mismas tierras y los mismos cielos,

porque la red de nervios y de venas
que sostiene tu ser y tu belleza
se debe estremecer al beso puro
del sol, del mismo sol que a mí me besa.

Mujer, nada me has dado y sin embargo
a través de tu ser siento las cosas:
estoy alegre de mirar la tierra
en que tu corazón tiembla y reposa.

Me limitan en vano mis sentidos
—dulces flores que se abren en el viento—
porque adivino el pájaro que pasa
y que mojó de azul tu sentimiento.

Y sin embargo no me has dado nada,
no se florecen para mí tus años,
la cascada de cobre de tu risa
no apagará la sed de mis rebaños.

Hostia que no probó tu boca fina,
amador del amado que te llame,
saldré al camino con mi amor al brazo
como un vaso de miel para el que ames.

Ya ves, noche estrellada, canto y copa
en que bebes el agua que yo bebo,
vivo en tu vida, vives en mi vida,
nada me has dado y todo te lo debo.

Tengo miedo

Tengo miedo. La tarde es gris y la tristeza
del cielo se abre como una boca de muerto.
Tiene mi corazón un llanto de princesa
olvidada en el fondo de un palacio desierto.

Tengo miedo. Y me siento tan cansado y pequeño
que reflejo la tarde sin meditar en ella.
(En mi cabeza enferma no ha de caber un sueño
así como en el cielo no ha cabido una estrella.)

Sin embargo en mis ojos una pregunta existe
y hay un grito en mi boca que mi boca no grita.
No hay oído en la tierra que oiga mi queja triste
abandonada en medio de la tierra infinita!

Se muere el universo de una calma agonía
sin la fiesta del sol o el crepúsculo verde.
Agoniza Saturno como una pena mía,
la tierra es una fruta negra que el cielo muerde.

Y por la vastedad del vacío van ciegas
las nubes de la tarde, como barcas perdidas
que escondieran estrellas rotas en sus bodegas.

Y la muerte del mundo cae sobre mi vida.

VENTANA AL CAMINO

Campesina

Entre los surcos tu cuerpo moreno
es un racimo que a la tierra llega.
Torna los ojos, mírate los senos,
son dos semillas ácidas y ciegas.

Tu carne es tierra que será madura
cuando el otoño te tienda las manos,
y el surco que será tu sepultura
temblará, temblará, como un humano

al recibir tus carnes y tus huesos
—rosas de pulpa con rosas de cal:
rosas que en el primero de los besos
vibraron como un vaso de cristal—.

La palabra de qué concepto pleno
será tu cuerpo? No lo he de saber!
Torna los ojos, mírate los senos,
tal vez no alcanzarás a florecer.

Agua dormida

Quiero saltar al agua para caer al cielo.

Sinfonía de la trilla

Sacude las épicas eras
un loco viento festival.
                    Ah yeguayeguaa!...
Como un botón en primavera
se abre un relincho de cristal.

Revienta la espiga gallarda
bajo las patas vigorosas.
                    Ah yeguayeguaa!...
Por aumentar la zalagarda
trillarían las mariposas!

Maduros trigos amarillos,
campos expertos en donar.
                    Ah yeguayeguaa!...
Hombres de corazón sencillo.
Qué más podemos esperar?

Éste es el fruto de tu ciencia,
varón de la mano callosa.
                    Ah yeguayeguaa!...
Sólo por falta de paciencia
las copihueras no dan rosas!

Sol que cayó a racimos sobre el llano,
ámbar del sol, quiero adorarte en todo:
en el oro del trigo y de las manos
que lo hicieran gavillas y recodos.

Ámbar del sol, quiero divinizarte
en la flor, en el grano y en el vino.
Amor sólo me alcanza para amarte:
para divinizarte, hazme divino!

Que la tierra florezca en mis acciones
como en el jugo de oro de las viñas,
que perfume el dolor de mis canciones
como un fruto olvidado en la campiña.

Que trascienda mi carne a sembradura
ávida de brotar por todas partes,
que mis arterias lleven agua pura,
agua que canta cuando se reparte!

Yo quiero estar desnudo en las gavillas,
pisado por los cascos enemigos,
yo quiero abrirme y entregar semillas
de pan, yo quiero ser de tierra y trigo!

Yo di licores rojos y dolientes
cuando trilló el Amor mis avenidas:
ahora daré licores de vertiente
y aromaré los valles con mi herida.

Campo, dame tus aguas y tus rocas,
entiérrame en tus surcos, o recoge
mi vida en las canciones de tu boca
como un grano de trigo de tus trojes...

Dulcifica mis labios con tus mieles,
campo de los lebreles pastorales!

Perfúmame a manzanas y laureles,
desgráname en los últimos trigales...

Lléname el corazón de cascabeles,
campo de los lebreles pastorales!

Rechinan por las carreteras
los carros de vientres fecundos.
            Ah yeguayeguaa!...

La llamarada de las eras
es la cabellera del mundo!

Va un grito de bronce removiendo
las bestias que trillan sin tregua
en un remolino tremendo...
          Ah yeguayeguaa!...

Playa del Sur

La dentellada del mar muerde
la abierta pulpa de la costa
donde se estrella el agua verde
contra la tierra silenciosa.

Parado cielo y lejanía.
El horizonte, como un brazo,
rodea la fruta encendida
del sol cayendo en el ocaso.

Frente a la furia del mar son
inútiles todos los sueños.
Para qué decir la canción
de un corazón que es tan pequeño?

Sin embargo es tan vasto el cielo
y rueda el tiempo, sin embargo.
Tenderse y dejarse llevar
por este viento azul y amargo!...

Desgranado viento del mar,
sigue besándome la cara.
Arrástrame, viento del mar,
adonde nadie me esperara!

A la tierra más pobre y dura
llévame, viento, entre tus alas,
así como llevas a veces
las semillas de las hierbas malas.

Ellas quieren rincones húmedos,
surcos abiertos, ellas quieren
crecer como todas las hierbas:
yo sólo quiero que me lleves!

Allá estaré como aquí estoy:
adonde vaya estaré siempre
con el deseo de partir
y con las manos en la frente...

Ésa es la pequeña canción
arrullada en un vasto sueño.
Para qué decir la canción
si el corazón es tan pequeño?

Pequeño frente al horizonte
y frente al mar enloquecido.
Si Dios gimiera en esta playa
nadie oiría sus gemidos!

A mordiscos de sal y espuma
borra el mar mis últimos pasos...

La marea desata ahora
su cinturón, en el ocaso.

Y una bandada raya el cielo
como una nube de flechazos...

Mancha en tierras de color

Patio de esta tierra, luminoso patio
tendido a la orilla del río y del mar.

Inclinado sobre la boca del pozo
del fondo del pozo me veo brotar

como en una instantánea de sesenta cobres
distante y movida. Fotógrafo pobre,

el agua retrata mi camisa suelta
y mi pelo de hebras negras y revueltas.

Un alado piño de pájaros sube
como una escalera de seda, una nube.

Y, asomando detrás de la cerca sencilla,
cabeza amarilla, como maravilla,

como el corazón de la siesta en la trilla,
rubia como el alma de las manzanillas,

veo a veces, gloria del paisaje seco,
la cabeza rubia de Laura Pacheco.

Poema en diez versos

Era mi corazón un ala viva y turbia
y pavorosa ala de anhelo.

Era primavera sobre los campos verdes.
Azul era la altura y era esmeralda el suelo.

Ella —la que me amaba— se murió en primavera.
Recuerdo aún sus ojos de paloma en desvelo.

Ella —la que me amaba— cerró los ojos. Tarde.
Tarde de campo, azul. Tarde de alas y vuelos.

Ella —la que me amaba— se murió en primavera.
Y se llevó la primavera al cielo.

El pueblo

La sombra de este monte protector y propicio,
como una manta indiana fresca y rural me cubre:
bebo el azul del cielo por mis ojos sin vicio
como un ternero mama la leche de las ubres.

Al pie de la colina se extiende el pueblo y siento,
sin quererlo, el rodar de los *tranways* urbanos:
una iglesia se eleva para clavar el viento,
pero el muy vagabundo se le va de las manos.

Pueblo, eres triste y gris. Tienes las calles largas,
y un olor de almacén por tus calles pasea.
El agua de tus pozos la encuentro más amarga.
Las almas de tus hombres me parecen más feas.

No saben la belleza de un surtidor que canta,
ni del que la trasvasa floreciendo un concepto.
Sin detenerse, como el agua en la garganta,
desde sus corazones se va el verso perfecto.

El pueblo es gris y triste. Si estoy ausente pienso
que la ausencia parece que lo acercara a mí.
Regreso, y hasta el cielo tiene un bostezo inmenso.
Y crece en mi alma un odio, como el de antes, intenso.

Pero ella vive aquí.

PELLEAS Y MELISANDA

Melisanda

Su cuerpo es una hostia fina, mínima y leve.
Tiene azules los ojos y las manos de nieve.

En el parque los árboles parecen congelados,
los pájaros en ellos se detienen cansados.

Sus trenzas rubias tocan el agua dulcemente
como dos brazos de oro brotados de la fuente.

Zumba el vuelo perdido de las lechuzas ciegas.
Melisanda se pone de rodillas y ruega.

Los árboles se inclinan hasta tocar su frente.
Los pájaros se alejan en la tarde doliente.

Melisanda, la dulce, llora junto a la fuente.

El encantamiento

Melisanda, la dulce, se ha extraviado de ruta:
Pelleas, lirio azul de un jardín imperial,
se la lleva en los brazos, como un cesto de fruta.

El coloquio maravillado

PELLEAS.
Iba yo por la senda, tú venías por ella,
mi amor cayó en tus brazos, tu amor tembló en los míos.
Desde entonces mi cielo de noche tuvo estrellas
y para recogerlas se hizo tu vida un río.
Para ti cada roca que tocarán mis manos
ha de ser manantial, aroma, fruta y flor.

MELISANDA.
Para ti cada espiga debe apretar su grano
y en cada espiga debe desgranarse mi amor.

PELLEAS.
Me impedirás, en cambio, que yo mire la senda
cuando llegue la muerte para dejarla trunca.

MELISANDA.
Te cubrirán mis ojos como una doble venda.

PELLEAS.
Me hablarás de un camino que no termine nunca.
La música que escondo para encantarse huye
lejos de la canción que borbota y resalta:
como una vía láctea desde mi pecho fluye.

MELISANDA.
En tus brazos se enredan las estrellas más altas.
Tengo miedo. Perdóname no haber llegado antes.

PELLEAS.
Una sonrisa tuya borra todo un pasado:
guarden tus labios dulces lo que ya está distante.

MELISANDA.
En un beso sabrás todo lo que he callado.

PELLEAS.
Tal vez no sepa entonces conocer tu caricia,
porque en las venas mías tu ser se habrá fundido.

MELISANDA.
Cuando yo muerda un fruto tú sabrás su delicia.

PELLEAS.
Cuando cierres los ojos me quedaré dormido.

La cabellera

Pesada, espesa y rumorosa,
en la ventana del castillo
la cabellera de la Amada
es un lampadario amarillo.

–Tus manos blancas, en mi boca.
–Mi frente en tu frente lunada.
Pelleas, ebrio, tambalea
bajo la selva perfumada.

–Melisanda, un lebrel aúlla
por los caminos de la aldea.
–Siempre que aúllan los lebreles
me muero de espanto, Pelleas.

–Melisanda, un corcel galopa
cerca del bosque de laureles.
–Tiemblo, Pelleas, en la noche
cuando galopan los corceles.

–Pelleas, alguien me ha tocado
la sien con una mano fina.
–Sería un beso de tu amado
o el ala de una golondrina.

En la ventana del castillo
es un lampadario amarillo
la milagrosa cabellera.

Ebrio, Pelleas enloquece:
su corazón también quisiera
ser una boca que la besa.

La muerte de Melisanda

A la sombra de los laureles
Melisanda se está muriendo.

Se morirá su cuerpo leve.
Enterrarán su dulce cuerpo.

Juntarán sus manos de nieve.
Dejarán sus ojos abiertos

para que alumbren a Pelleas
hasta después que se haya muerto.

A la sombra de los laureles
Melisanda muere en silencio.

Por ella llorará la fuente
un llanto trémulo y eterno.

Por ella orarán los cipreses
arrodillados bajo el viento.

Habrá galope de corceles,
lunarios ladridos de perros.

A la sombra de los laureles
Melisanda se está muriendo.

Por ella el sol en el castillo
se apagará como un enfermo.

Por ella morirá Pelleas
cuando la lleven al entierro.

Por ella vagará de noche,
moribundo por los senderos.

Por ella pisará las rosas,
perseguirá las mariposas
y dormirá en los cementerios.

Por ella, por ella, por ella
Pelleas, el príncipe, ha muerto.

Canción de los amantes muertos

Ella era bella y era buena.

Perdonalá, Señor!

Él era dulce y era triste.

Perdonaló, Señor!

Se dormía en sus brazos blancos
como una abeja en una flor.

Perdonaló, Señor!

Amaba las dulces canciones,
ella era una dulce canción!

Perdonalá, Señor!

Cuando hablaba era como si alguien
hubiera llorado en su voz.

Perdonaló, Señor!

Ella decía: «Tengo miedo.
Oigo una voz en lo lejano».

Perdonalá, Señor!

Él decía: –«Tu pequeñita
mano en mis labios».

Perdonaló, Señor!

Miraban juntos las estrellas.
No hablaban de amor.

Cuando moría una mariposa
lloraban los dos.

Perdonalós, Señor!

Ella era bella y era buena.
Él era dulce y era triste.
Murieron del mismo dolor.

Perdónalos,
Perdónalos,

Perdonalós, Señor!

FINAL

Fueron creadas por mí estas palabras
con sangre mía, con dolores míos
fueron creadas!
Yo lo comprendo, amigos, yo lo comprendo todo.
Se mezclaron voces ajenas a las mías,
yo lo comprendo, amigos!

Como si yo quisiera volar y a mí llegaran
en ayuda las alas de las aves,
todas las alas,
así vinieron estas palabras extranjeras
a desatar la oscura ebriedad de mi alma.

Es el alba, y parece
que no se me apretaran las angustias
en tan terribles nudos en torno a la garganta.
Y sin embargo,
fueron creadas
con sangre mía, con dolores míos,
fueron creadas por mí estas palabras!

Palabras para la alegría
cuando era mi corazón
una corola de llamas,
palabras del dolor que clava,
de los instintos que remuerden,
de los impulsos que amenazan,
de los infinitos deseos,
de las inquietudes amargas,
palabras del amor, que en mi vida florecen
como una tierra roja llena de umbelas blancas.

No cabían en mí. Nunca cupieron.
De niño mi dolor fue grito
y mi alegría fue silencio.

Después los ojos
olvidaron las lágrimas
barridas por el viento del corazón de todos.

Ahora, decidme, amigos,
dónde esconder aquella aguda
furia de los sollozos.

Decidme, amigos, dónde
esconder el silencio, para que nunca nadie
lo sintiera con los oídos o con los ojos.

Vinieron las palabras, y mi corazón,
incontenible como un amanecer,
se rompió en las palabras y se apegó a su vuelo,
y en sus fugas heroicas lo llevan y lo arrastran,
abandonado y loco, y olvidado bajo ellas
como un pájaro muerto, debajo de sus alas.

El hondero entusiasta

[1923-1924]

Advertencia del autor

Los poemas recogidos en este libro formaron parte de un ci-
clo de mi producción desarrollada hace ya cerca de diez años.
La influencia que ellos muestran del gran poeta uruguayo
Carlos Sabat Ercasty y su acento general de elocuencia y alti-
vez verbal me hicieron sustraerlos en su gran mayoría a la pu-
blicidad. Ahora, pasado el período en que la publicación de
El hondero entusiasta *me hubiera perjudicado íntimamente,*
los he entregado a esta editorial como un documento válido
para aquellos que se interesan en mi poesía. El libro original
contenía un número mucho mayor de composiciones que, si
faltan en este cuaderno, es porque se extraviaron para siem-
pre. También muchas de las que aquí aparecen van inconclu-
sas, con pedazos de menos, fragmentos caídos al roce del
tiempo, perdidos. Me hubiera gustado poseer todos los ver-
sos de este tiempo sepultado, para mí prestigiado del mismo
interés que nimba las viejas cartas, ya que este libro no quie-
re ser, lo repito, sino el documento de una juventud excesiva
y ardiente.

No he alterado ni agregado ni suprimido nada de estos versos
renacidos, he querido preservar su autenticidad, su verdad ol-
vidada.

NERUDA
Enero de 1933

I

Hago girar mis brazos como dos aspas locas...
en la noche toda ella de metales azules.

Hacia donde las piedras no alcanzan y retornan.
Hacia donde los fuegos oscuros se confunden.
Al pie de las murallas que el viento inmenso abraza.
Corriendo hacia la muerte como un grito hacia el eco.

El lejano, hacia donde ya no hay más que la noche
y la ola del designio, y la cruz del anhelo.
Dan ganas de gemir el más largo sollozo.
De bruces frente al muro que azota el viento inmenso.

Pero quiero pisar más allá de esa huella:
pero quiero voltear esos astros de fuego:
lo que es mi vida y es más allá de mi vida,
eso de sombras duras, eso de nada, eso de lejos:
quiero alzarme en las últimas cadenas que me aten,
sobre este espanto erguido, en esta ola de vértigo,
y echo mis piedras trémulas hacia este país negro,
solo, en la cima de los montes,
solo, como el primer muerto,
rodando enloquecido, presa del cielo oscuro
que mira inmensamente, como el mar en los puertos.

Aquí, la zona de mi corazón,
llena de llanto helado, mojada en sangres tibias.
Desde él, siento saltar las piedras que me anuncian.
En él baila el presagio del humo y la neblina.
Todo de sueños vastos caídos gota a gota.
Todo de furias y olas y mareas vencidas.
Ah, mi dolor, amigos, ya no es dolor de humano.

Ah, mi dolor, amigos, ya no cabe en mi vida.
Y en él cimbro las hondas que van volteando estrellas!
Y en él suben mis piedras en la noche enemiga!
Quiero abrir en los muros una puerta. Eso quiero.
Eso deseo. Clamo. Grito. Lloro. Deseo.
Soy el más doloroso y el más débil. Lo quiero.
El lejano, hacia donde ya no hay más que la noche.

Pero mis hondas giran. Estoy. Grito. Deseo.
Astro por astro, todos fugarán en astillas.
Mi fuerza es mi dolor, en la noche. Lo quiero.
He de abrir esa puerta. He de cruzarla. He de vencerla.
Han de llegar mis piedras. Grito. Lloro. Deseo.

Sufro, sufro y deseo. Deseo, sufro y canto.
Río de viejas vidas, mi voz salta y se pierde.
Tuerce y destuerce largos collares aterrados.
Se hincha como una vela en el viento celeste.
Rosario de la angustia, yo no soy quien lo reza.
Hilo desesperado, yo no soy quien lo tuerce.
El salto de la espada a pesar de los brazos.
El anuncio en estrellas de la noche que viene.
Soy yo: pero es mi voz la existencia que escondo.
El temporal de aullidos y lamentos y fiebres.
La dolorosa sed que hace próxima el agua.
La resaca invencible que me arrastra a la muerte.

Gira mi brazo entonces, y centellea mi alma.
Se trepan los temblores a la cruz de mis cejas.
He aquí mis brazos fieles! He aquí mis manos ávidas!
He aquí la noche absorta! Mi alma grita y desea!
He aquí los astros pálidos todos llenos de enigma!
He aquí mi sed que aúlla sobre mi voz ya muerta!
He aquí los cauces locos que hacen girar mis hondas!
Las voces infinitas que preparan mi fuerza!
Y doblado en un nudo de anhelos infinitos,
en la infinita noche, suelto y suben mis piedras.

Más allá de esos muros, de esos límites, lejos.
Debo pasar las rayas de la lumbre y la sombra.
Por qué no he de ser yo? Grito. Lloro. Deseo.
Sufro, sufro y deseo. Cimbro y zumban mis hondas.
El viajero que alargue su viaje sin regreso.
El hondero que trice la frente de la sombra.
Las piedras entusiastas que hagan parir la noche.
La flecha, la centella, la cuchilla, la proa.
Grito. Sufro. Deseo. Se alza mi brazo, entonces,
hacia la noche llena de estrellas en derrota.

He aquí mi voz extinta. He aquí mi alma caída.
Los esfuerzos baldíos. La sed herida y rota.
He aquí mis piedras ágiles que vuelven y me hieren.
Las altas luces blancas que bailan y se extinguen.
Las húmedas estrellas absolutas y absortas.
He aquí las mismas piedras que alzó mi alma en combate.
He aquí la misma noche desde donde retornan.

Soy el más doloroso y el más débil. Deseo.
Deseo, sufro, caigo. El viento inmenso azota.
Ah, mi dolor, amigos, ya no es dolor de humano!
Ah, mi dolor, amigos, ya no cabe en la sombra!
En la noche toda ella de astros fríos y errantes,
hago girar mis brazos como dos aspas locas.

2

Es como una marea, cuando ella clava en mí
sus ojos enlutados,
cuando siento su cuerpo de greda blanca y móvil
estirarse y latir junto al mío,
es como una marea, cuando ella está a mi lado.

He visto tendido frente a los mares del Sur,
arrollarse las aguas y extenderse
inconteniblemente,
fatalmente
en las mañanas y al atardecer.

Agua de las resacas sobre las viejas huellas,
sobre los viejos rastros, sobre las viejas cosas,
agua de las resacas que desde las estrellas
se abre como una inmensa rosa,
agua que va avanzando sobre las playas como
una mano atrevida debajo de una ropa,
agua internándose en los acantilados,
agua estrellándose en las rocas,
agua implacable como los vengadores
y como los asesinos silenciosa,
agua de las noches siniestras
debajo de los muelles como una vena rota,
como el corazón del mar
en una irradiación temblorosa y monstruosa.

Es algo que me lleva desde adentro y me crece
inmensamente próximo, cuando ella está a mi lado,
es como una marea rompiéndose en sus ojos
y besando su boca, sus senos y sus manos.

Ternura de dolor, y dolor de imposible,
ala de los terribles deseos,
que se mueve en la noche de mi carne y la suya
con una aguda fuerza de flechas en el cielo.

Algo de inmensa huida,
que no se va, que araña adentro,
algo que en las palabras cava tremendos pozos,
algo que contra todo se estrella, contra todo,
como los prisioneros contra los calabozos!

Ella, tallada en el corazón de la noche,
por la inquietud de mis ojos alucinados:
ella, grabada en los maderos del bosque
por los cuchillos de mis manos,
ella, su goce junto al mío,
ella, sus ojos enlutados,
ella, su corazón, mariposa sangrienta
que con sus dos antenas de instinto me ha tocado!

No cabe en esta estrecha meseta de mi vida!
Es como un viento desatado!

Si mis palabras clavan apenas como agujas
debieran desgarrar como espadas o arados!

Es como una marea que me arrastra y me dobla,
es como una marea, cuando ella está a mi lado!

3

Eres toda de espumas delgadas y ligeras
y te cruzan los besos y te riegan los días.
Mi gesto, mi ansiedad cuelgan de tu mirada.
Vaso de resonancias y de estrellas cautivas.
Estoy cansado: todas las hojas caen, mueren.
Caen, mueren los pájaros. Caen, mueren las vidas.
Cansado, estoy cansado. Ven, anhélame, víbrame.
Oh, mi pobre ilusión, mi guirnalda encendida!
El ansia cae, muere. Cae, muere el deseo.
Caen, mueren las llamas en la noche infinita.

Fogonazo de luces, paloma de gredas rubias,
líbrame de esta noche que acosa y aniquila.

Sumérgeme en tu nido de vértigo y caricia.
Anhélame, retiéneme.

La embriaguez a la sombra florida de tus ojos,
las caídas, los triunfos, los saltos de la fiebre.
Ámame, ámame, ámame.
De pie te grito! Quiéreme.
Rompo mi voz gritándote y hago horarios de fuego
en la noche preñada de estrellas y lebreles.
Rompo mi voz y grito. Mujer, ámame, anhélame.
Mi voz arde en los vientos, mi voz que cae y muere.

Cansado. Estoy cansado. Huye. Aléjate. Extínguete.
No aprisiones mi estéril cabeza entre tus manos.
Que me crucen la frente los látigos del hielo.
Que mi inquietud se azote con los vientos atlánticos.
Huye. Aléjate. Extínguete. Mi alma debe estar sola.
Debe crucificarse, hacerse astillas, rodar,
verterse, contaminarse sola,
abierta a la marea de los llantos,
ardiendo en el ciclón de las furias,
erguida entre los cerros y los pájaros,
aniquilarse, exterminarse sola,
abandonada y única como un faro de espanto.

4

Siento tu ternura allegarse a mi tierra,
acechar la mirada de mis ojos, huir,
la veo interrumpirse, para seguirme hasta la hora
de mi silencio absorto y de mi afán de ti.
Hela aquí tu ternura de ojos dulces que esperan.
Hela aquí, boca tuya, palabra nunca dicha.
Siento que se me suben los musgos de tu pena
y me crecen a tientas en el alma infinita.

Era esto el abandono, y lo sabías,
era la guerra oscura del corazón y todos,
era la queja rota de angustias conmovidas,

y la ebriedad, y el deseo, y el dejarse ir,
y era eso mi vida,
era eso que el agua de tus ojos llevaba,
era eso que en el hueco de tus manos cabía.

Ah, mariposa mía y arrullo de paloma,
ah vaso, ah estero, ah compañera mía!
Te llegó mi reclamo, dímelo, te llegaba,
en las abiertas noches de estrellas frías
ahora, en el otoño, en el baile amarillo
de los vientos hambrientos y las hojas caídas?

Dímelo, te llegaba,
aullando o cómo, o sollozando,
en la hora de la sangre fermentada
cuando la tierra crece y se cimbra latiendo
bajo el sol que la raya con sus colas de ámbar?

Dímelo, me sentiste
trepar hasta tu forma por todos los silencios,
y todas las palabras?
Yo me sentí crecer. Nunca supe hacia dónde.
Es más allá de ti. Lo comprendes, hermana?
Es que se aleja el fruto cuando llegan mis manos
y ruedan las estrellas antes de mi mirada.

Siento que soy la aguja de una infinita flecha,
y va a clavarse lejos, no va a clavarse nunca,
tren de dolores húmedos en fuga hacia lo eterno,
goteando en cada tierra sollozos y preguntas.

Pero hela aquí, tu forma familiar, lo que es mío,
lo tuyo, lo que es mío, lo que es tuyo y me inunda,
hela aquí que me llena los miembros de abandono,
hela aquí, tu ternura,
amarrándose a las mismas raíces,
madurando en la misma caravana de frutas,
y saliendo de tu alma rota bajo mis dedos
como el licor del vino del centro de la uva.

5

Amiga, no te mueras.
Óyeme estas palabras que me salen ardiendo,
y que nadie diría si yo no las dijera.

Amiga, no te mueras.

Yo soy el que te espera en la estrellada noche.
El que bajo el sangriento sol poniente te espera.

Miro caer los frutos en la tierra sombría.
Miro bailar las gotas del rocío en las hierbas.

En la noche al espeso perfume de las rosas,
cuando danza la ronda de las sombras inmensas.

Bajo el cielo del sur, el que te espera cuando
el aire de la tarde como una boca besa.

Amiga, no te mueras.

Yo soy el que cortó las guirnaldas rebeldes
para el lecho selvático fragante a sol y a selva.
El que trajo en los brazos jacintos amarillos.
Y rosas desgarradas. Y amapolas sangrientas.

El que cruzó los brazos por esperarte, ahora.
El que quebró sus arcos. El que dobló sus flechas.

Yo soy el que en los labios guarda sabor de uvas.
Racimos refregados. Mordeduras bermejas.

El que te llama desde las llanuras brotadas.
Yo soy el que en la hora del amor te desea.

El aire de la tarde cimbra las ramas altas.
Ebrio, mi corazón, bajo Dios, tambalea.

El río desatado rompe a llorar y a veces
se adelgaza su voz y se hace pura y trémula.

Retumba, atardecida, la queja azul del agua.
Amiga, no te mueras!

Yo soy el que te espera en la estrellada noche,
sobre las playas áureas, sobre las rubias eras.

El que cortó jacintos para tu lecho, y rosas.
Tendido entre las hierbas yo soy el que te espera!

6

Déjame sueltas las manos
y el corazón, déjame libre!
Deja que mis dedos corran
por los caminos de tu cuerpo.
La pasión —sangre, fuego, besos—
me incendia a llamaradas trémulas.
Ay, tú no sabes lo que es esto!

Es la tempestad de mis sentidos
doblegando la selva sensible de mis nervios.
Es la carne que grita con sus ardientes lenguas!
Es el incendio!
Y estás aquí, mujer, como un madero intacto
ahora que vuela toda mi vida hecha cenizas
hacia tu cuerpo lleno, como la noche, de astros!

Déjame libres las manos
y el corazón, déjame libre!

Yo sólo te deseo, yo sólo te deseo!
No es amor, es deseo que se agosta y se extingue,
es precipitación de furias,
acercamiento de lo imposible,
pero estás tú,
estás para dármelo todo,
y a darme lo que tienes a la tierra viniste —
como yo para contenerte,
y desearte,
y recibirte!

7

Alma mía! Alma mía! Raíz de mi sed viajera,
gota de luz que espanta los asaltos del mundo.
Flor mía. Flor de mi alma. Terreno de mis besos.
Campanada de lágrimas. Remolino de arrullos.
Agua viva que escurre su queja entre mis dedos.
Azul y alada como los pájaros y el humo.
Te parió mi nostalgia, mi sed, mi ansia, mi espanto.
Y estallaste en mis brazos como en la flor el fruto.

Zona de sombra, línea delgada y pensativa.
Enredadera crucificada sobre un muro.
Canción, sueño, destino. Flor mía, flor de mi alma.
Aletazo de sueño, mariposa, crepúsculo.

En la alta noche mi alma se tuerce y se destroza.
La castigan los látigos del sueño y la socavan.
Para esta inmensidad ya no hay nada en la tierra.
Ya no hay nada.
Se revuelven las sombras y se derrumba todo.
Caen sobre mis ruinas las vigas de mi alma.

No lucen los luceros acerados y blancos.
Todo se rompe y cae. Todo se borra y pasa.

Es el dolor que aúlla como un loco en un bosque.
Soledad de la noche. Soledad de mi alma.
El grito, el alarido. Ya no hay nada en la tierra!
La furia que amedrenta los cantos y las lágrimas.
Sólo la sombra estéril partida por mis gritos.
Y la pared del cielo tendida contra mi alma!

Eres. Entonces eres y te buscaba entonces.
Eres labios de beso, fruta de sueños, todo.
Estás, eres y te amo! Te llamo y me respondes!
Luminaria de luna sobre los campos solos.
Flor mía, flor de mi alma, qué más para esta vida!
Tu voz, tu gesto pálido, tu ternura, tus ojos.
La delgada caricia que te hace arder entera.
Los dos brazos que emergen como juncos de asombro.
Todo tu cuerpo ardido de blancura en el vientre.
Las piernas perezosas. Las rodillas. Los hombros.
La cabellera de alas negras que van volando.
Las arañas oscuras del pubis en reposo.

8

Llénate de mí.
Ansíame, agótame, viérteme, sacrifícame.
Pídeme. Recógeme, contiéneme, ocúltame.
Quiero ser de alguien, quiero ser tuyo, es tu hora.
Soy el que pasó saltando sobre las cosas,
el fugante, el doliente.

Pero siento tu hora,
la hora de que mi vida gotee sobre tu alma,
la hora de las ternuras que no derramé nunca,
la hora de los silencios que no tienen palabras,
tu hora, alba de sangre que me nutrió de angustias,
tu hora, medianoche que me fue solitaria.

Libértame de mí. Quiero salir de mi alma.
Yo soy esto que gime, esto que arde, esto que sufre.
Yo soy esto que ataca, esto que aúlla, esto que canta.
No, no quiero ser esto.
Ayúdame a romper estas puertas inmensas.
Con tus hombros de seda desentierra estas anclas.
Así crucificaron mi dolor una tarde.

Quiero no tener límites y alzarme hacia aquel astro.
Mi corazón no debe callar hoy o mañana.
Debe participar de lo que toca,
debe ser de metales, de raíces, de alas.
No puedo ser la piedra que se alza y que no vuelve,
no puedo ser la sombra que se deshace y pasa.

No, no puede ser, no puede ser, no puede ser.
Entonces gritaría, lloraría, gemiría.
No puede ser, no puede ser.
Quién iba a romper esta vibración de mis alas?
Quién iba a exterminarme? Qué designio, qué palabra?
No puede ser, no puede ser, no puede ser.
Libértame de mí. Quiero salir de mi alma.

Porque tú eres mi ruta. Te forjé en lucha viva.
De mi pelea oscura contra mí mismo, fuiste.
Tienes de mí ese sello de avidez no saciada.
Desde que yo los miro tus ojos son más tristes.
Vamos juntos. Rompamos este camino juntos.
Seré la ruta tuya. Pasa. Déjame irme.
Ansíame, agótame, viérteme, sacrifícame.
Haz tambalear los cercos de mis últimos límites.

Y que yo pueda, al fin, correr en fuga loca,
inundando las tierras como un río terrible,
desatando estos nudos, ah Dios mío, estos nudos,
destrozando,
quemando,
arrasando

como una lava loca lo que existe,
correr fuera de mí mismo, perdidamente,
libre de mí, furiosamente libre.
Irme,
Dios mío,
irme!

9

Canción del macho y de la hembra!
La fruta de los siglos
exprimiendo su jugo
en nuestras venas.

Mi alma derramándose en tu carne extendida
para salir de ti más buena,
el corazón desparramándose,
estirándose como una pantera,
y mi vida, hecha astillas, anudándose
a ti como la luz a las estrellas!

Me recibes
como al viento la vela.

Te recibo
como el surco a la siembra.

Duérmete sobre mis dolores
si mis dolores no te queman,
amárrate a mis alas,
acaso mis alas te llevan,
endereza mis deseos,
acaso te lastima su pelea.

Tú eres lo único que tengo
desde que perdí mi tristeza!

Desgárrame como una espada
o táctame como una antena!

Bésame,
muérdeme,
incéndiame,
que yo vengo a la tierra
sólo por el naufragio de mis ojos de macho
en el agua infinita de tus ojos de hembra!

10

Esclava mía, témeme. Ámame. Esclava mía!
Soy contigo el ocaso más vasto de mi cielo,
y en él despunta mi alma como una estrella fría.
Cuando de ti se alejan vuelven a mí mis pasos.
Mi propio latigazo cae sobre mi vida.
Eres lo que está dentro de mí y está lejano.
Huyendo como un coro de nieblas perseguidas.
Junto a mí, pero dónde? Lejos, lo que está lejos.
Y lo que estando lejos bajo mis pies camina.
El eco de la voz más allá del silencio.
Y lo que en mi alma crece como el musgo en las ruinas.

11

Sed de ti que me acosa en las noches hambrientas.
Trémula mano roja que hasta su vida se alza.
Ebria de sed, loca sed, sed de selva en sequía.
Sed de metal ardiendo, sed de raíces ávidas.
Hacia dónde, en las tardes que no vayan tus ojos
en viaje hacia mis ojos, esperándote entonces.

Estás llena de todas las sombras que me acechan.
Me sigues como siguen los astros a la noche.
Mi madre me dio lleno de preguntas agudas.
Tú las contestas todas. Eres llena de voces.
Ancla blanca que cae sobre el mar que cruzamos.
Surco para la turbia semilla de mi nombre.
Que haya una tierra mía que no cubra tu huella.
Sin tus ojos viajeros, en la noche, hacia dónde.

Por eso eres la sed y lo que ha de saciarla.
Cómo poder no amarte si he de amarte por eso.
Si ésa es la amarra cómo poder cortarla, cómo.
Cómo si hasta mis huesos tienen sed de tus huesos.
Sed de ti, sed de ti, guirnalda atroz y dulce.
Sed de ti que en las noches me muerde como un perro.
Los ojos tienen sed, para qué están tus ojos.

La boca tiene sed, para qué están tus besos.
El alma está incendiada de estas brasas que te aman.
El cuerpo incendio vivo que ha de quemar tu cuerpo.
De sed. Sed infinita. Sed que busca tu sed.
Y en ella se aniquila como el agua en el fuego.

12

Es cierto, amada mía, hermana mía, es cierto!
Como las bestias grises que en los potreros pastan,
y en los potreros se aman, como las bestias grises!

Como las castas ebrias que poblaron la tierra
matándose y amándose, como las castas ebrias!

Como el latido de las corolas abiertas
dividiendo la joya futura de la siembra,
como el latido de las corolas abiertas!

Empujado por los designios de la tierra
como una ola en el mar hacia ti va mi cuerpo.
Y tú, en tu carne, encierras
las pupilas sedientas con que miraré cuando
estos ojos que tengo se me llenen de tierra.

tentativa del hombre infinito

[1925]

HOGUERAS pálidas revolviéndose al borde de las noches
corren humos difuntos polvaredas invisibles

fraguas negras durmiendo detrás de los cerros anochecidos
la tristeza del hombre tirada entre los brazos del sueño

ciudad desde los cerros en la noche los segadores duermen
debatida a las últimas hogueras
pero estás allí pegada a tu horizonte
como una lancha al muelle lista para zarpar lo creo
antes del alba

árbol de estertor candelabro de llamas viejas
distante incendio mi corazón está triste

sólo una estrella inmóvil su fósforo azul
los movimientos de la noche aturden hacia el cielo

CIUDAD desde los cerros entre la noche de hojas
mancha amarilla su rostro abre la sombra
mientras tendido sobre el pasto deletreo
ahí pasan ardiendo sólo yo vivo

tendido sobre el pasto mi corazón está triste
la luna azul araña trepa inunda

emisario ibas alegre en la tarde que caía
el crepúsculo rodaba apagando flores

tendido sobre el pasto hecho de tréboles negros
y tambalea sólo su pasión delirante

OH matorrales crespos adonde el sueño avanza trenes
oh montón de tierra entusiasta donde de pie sollozo
vértebras de la noche agua tan lejos viento intranquilo
   rompes
también estrellas crucificadas detrás de la montaña
alza su empuje un ala pasa un vuelo oh noche sin llaves
oh noche mía en mi hora en mi hora furiosa y doliente
eso me levantaba como la ola al alga
acoge mi corazón desventurado
cuando rodeas los animales del sueño
crúzalo con tus vastas correas de silencio
está a tus pies esperando una partida
porque lo pones cara a cara a ti misma noche de hélices
   negras
y que toda fuerza en él sea fecunda
atada al cielo con estrellas de lluvia
procrea tú amárrate a esa proa minerales azules
embarcado en ese viaje nocturno
un hombre de veinte años sujeta una rienda frenética
es el que él quería ir a la siga de la noche
entre sus manos ávidas el viento sobresalta

ESTRELLA retardada entre la noche gruesa los días de altas
   velas
como entre tú y tu sombra se acuestan las vacilaciones
embarcadero de las dudas bailarín en el hilo sujetabas cre-
   púsculos
tenías en secreto un muerto como un camino solitario
divisándote entonces resaltan las audaces te trepas a las luces
   emigrando
quién recoge el cordel vacíos malecones y la niebla
tu espigón de metales dolientes de bruces al borde de las
   aguas el tiempo persiguiéndote

la noche de esmeraldas y molinos se da vueltas la noche de
  esmeraldas y molinos
qué deseas ahora estás solo centinela
corrías a la orilla del país buscándolo
como el sonámbulo al borde de su sueño

aproxímate cuando las campanas te despierten
ataja las temperaturas con esperanzas y dolores

TUERZO esta hostil maleza mecedora de los pájaros
emisario distraído oh soledad quiero cantar

soledad de tinieblas difíciles mi alma hambrienta tropieza
tren de luz allá arriba te asalta un ser sin recuerdos

araño esta corteza destrozo los ramales de la hierba
y la noche como vino invade el túnel

salvaje viento socavador del cielo ululemos
mi alma en desesperanza y en alegría quién golpea

frente a lo inaccesible por ti pasa una presencia sin límites
señalarás los caminos como las cruces de los muertos

proa mástil hoja en el temporal te empuja el abandono sin
  regreso
te pareces al árbol derrotado y al agua que lo estrella

donde lo sigue su riel frío
y se para sin muchas treguas el animal de la noche

NO sé hacer el canto de los días
sin querer suelto el canto la alabanza de las noches
pasó el viento latigándome la espalda alegre saliendo de su
  huevo

descienden las estrellas a beber al océano
tuercen sus velas verdes grandes buques de brasa
para qué decir eso tan pequeño que escondes canta pequeño
los planetas dan vueltas como husos entusiastas giran
el corazón del mundo se repliega y se estira
con voluntad de columna y fría furia de plumas
oh los silencios campesinos claveteados de estrellas
recuerdo los ojos caían en ese pozo inverso
hacia donde ascendía la soledad de todos los ruidos espantados
el descuido de las bestias durmiendo sus duros lirios
preñé entonces la altura de mariposas negras mariposa medusa
aparecían estrépitos humedad nieblas
y vuelto a la pared escribí
oh noche huracán muerto resbala tu oscura lava
mis alegrías muerden tus tintas
mi alegre canto de hombre chupa tus duras mamas
mi corazón de hombre se trepa por tus alambres
exasperado contengo mi corazón que danza
danza en los vientos que limpian tu color
bailador asombrado en las grandes mareas que hacen surgir
    el alba

TORCIENDO hacia ese lado o más allá continúas siendo mía
en la soledad del atardecer golpea tu sonrisa
en ese instante trepan enredaderas a mi ventana
el viento de lo alto cimbra la sed de tu presencia
un gesto de alegría una palabra de pena que estuviera más
    cerca de ti
en su reloj profundo la noche aísla horas
sin embargo teniéndote entre los brazos vacilé
algo que no te pertenece desciende de tu cabeza
y se te llena de oro la mano levantada

hay esto entre dos paredes a lo lejos
radiantes ruedas de piedra sostienen el día mientras tanto
después colgado en la horca del crepúsculo

pisa en los campanarios y en las mujeres de los pueblos
moviéndose en la orilla de mis redes
mujer querida en mi pecho tu cabeza cerrada
a grandes llamaradas el molino se revuelve
y caen las horas nocturnas como murciélagos del cielo

en otra parte lejos lejos existen tú y yo parecidos a nosotros
tú escribes margaritas en la tierra solitaria

es que ese país de cierto nos pertenece
el amanecer vuela de nuestra casa

CUANDO aproximo el cielo con las manos para despertar
    completamente
sus húmedos terrones su red confusa se suelta

tus besos se pegan como caracoles a mi espalda
gira el año de los calendarios y salen del mundo los días como
    hojas
cada vez cada vez al norte están las ciudades inconclusas
ahora el sur mojado encrucijada triste
en donde los peces movibles como tijeras
ah sólo tú apareces en mi espacio en mi anillo
al lado de mi fotografía como la palabra está enfermo
detrás de ti pongo una familia desventajosa
radiante mía salto perteneciente hora de mi distracción
están encorvados tus parientes y tú con tranquilidad
te miras en una lágrima te secas los ojos donde estuve
está lloviendo de repente mi puerta se va a abrir

AL lado de mí mismo señorita enamorada
quién sino tú como el alambre ebrio es una canción sin título
ah triste mía la sonrisa se extiende como una mariposa en tu
    rostro
y por ti mi hermana no viste de negro

yo soy el que deshoja nombres y altas constelaciones de rocío
en la noche de paredes azules alta sobre tu frente
para alabarte a ti palabra de alas puras
el que rompió su suerte siempre donde no estuvo
por ejemplo es la noche rodando entre cruces de plata
que fue tu primer beso para qué recordarlo
yo te puse extendida delante del silencio
tierra mía los pájaros de mi sed te protegen
y te beso la boca mojada de crepúsculo

es más allá más alto
para significarte criaría una espiga
corazón distraído torcido hacia una llaga
atajas el color de la noche y libertas a los prisioneros
ah para qué alargaron la tierra
del lado en que te miro y no estás niña mía
entre sombra y sombra destino de naufragio
nada tengo oh soledad

sin embargo eres la luz distante que ilumina las frutas
y moriremos juntos
pensar que estás ahí navío blanco listo para partir
y que tenemos juntas las manos en la proa navío siempre en
    viaje

ÉSTA es mi casa
aún la perfuman los bosques
desde donde la acarreaban
allí tricé mi corazón como el espejo para andar a través de mí
    mismo
ésa es la alta ventana y ahí quedan las puertas
de quién fue el hacha que rompió los troncos
tal vez el viento colgó de las vigas
su peso profundo olvidándolo entonces
era cuando la noche bailaba entre sus redes
cuando el niño despertó sollozando

yo no cuento yo digo en palabras desgraciadas
aún los andamios dividen el crepúsculo
y detrás de los vidrios la luz del petróleo
era para mirar hacia el cielo
caía la lluvia en pétalos de vidrio
ahí seguiste el camino que iba a la tempestad
como las altas insistencias del mar
aíslan las piedras duras de las orillas del aire
qué quisiste qué ponías como muriendo muchas veces
todas las cosas suben a un gran silencio
y él se desesperaba inclinado en su borde
sostenías una flor dolorosa
entre sus pétalos giraban los días margaritas de pilotos
  decaídos
decaído desocupado revolviste de la sombra
el metal de las últimas distancias o esperabas el turno
amaneció sin embargo en los relojes de la tierra
de pronto los días trepan a los años
he aquí tu corazón andando estás cansado sosteniéndote
a tu lado se despiden los pájaros de la estación ausente

ADMITIENDO el cielo profundamente mirando el cielo
  estoy pensando
con inseguridad sentado en ese borde
oh cielo tejido con aguas y papeles
comencé a hablarme en voz baja decidido a no salir
arrastrado por la respiración de mis raíces
inmóvil navío ávido de esas leguas azules
temblabas y los peces comenzaron a seguirte
tirabas a cantar con grandeza ese instante de sed querías
  cantar
querías cantar sentado en tu habitación ese día
pero el aire estaba frío en tu corazón como en una campana
un cordel delirante iba a romper tu frío
se me durmió una pierna en esa posición y hablé con ella
cantándole mi alma me pertenece

el cielo era una gota que sonaba cayendo en la gran soledad
pongo el oído y el tiempo como un eucaliptus
frenéticamente canta de lado a lado
en el que estuviera silbando un ladrón
ay y en el límite me paré caballo de las barrancas
sobresaltado ansioso inmóvil sin orinar
en ese instante lo juro oh atardecer que llegas pescador satis-
    fecho
tu canasto vivo en la debilidad del cielo

A quién compré en esta noche la soledad que poseo
quién dice la orden que apresure la marcha
del viento flor de frío entre las hojas inconclusas
si tú me llamas tormenta resuenas tan lejos como un tren
ola triste caída a mis pies quién te dice
sonámbulo de sangre partía cada vez en busca del alba

a ti te reconozco pero lejos apartada
inclinado en tus ojos busco el ancla perdida
ahí la tienes florida adentro de los brazos de nácar
es para terminar para no seguir nunca
y por eso te alabo seguidora de mi alma mirándote hacia
    atrás
te busco cada vez entre los signos del regreso
estás llena de pájaros durmiendo como el silencio de los bos-
    ques
pesado y triste lirio miras hacia otra parte
cuando te hablo me dueles tan distante mujer mía
apresura el paso apresura el paso y enciende las luciérnagas

VEO una abeja rondando no existe esa abeja ahora
pequeña mosca con patas lacres mientras golpeas cada vez tu
    vuelo
inclino la cabeza desvalidamente

sigo un cordón que marca siquiera una presencia una situa-
ción cualquiera
oigo adornarse el silencio con olas sucesivas
revuelven vuelven ecos aturdidos entonces canto en alta voz
párate sombra de estrella en las cejas de un hombre a la vuelta
de un camino
que lleva a la espalda una mujer pálida de oro parecida a sí
misma
todo está perdido las semanas están cerradas
veo dirigirse el viento con un propósito seguro
como una flor que debe perfumar
abro el otoño taciturno visito la situación de los naufragios
en el fondo del cielo entonces aparecen los pájaros como
letras
y el alba se divisa apenas como la cáscara de un fruto
o es que entonces sumerges tus pies en otra distancia
el día es de fuego y se apuntala en sus colores
el mar lleno de trapos verdes sus salivas murmullan soy el
mar
el movimiento atraído la inquieta caja
tengo fresca el alma con todas mis respiraciones
ahí sofoco al lado de las noches antárticas
me pongo la luna como una flor de jacinto la moja mi lágri-
ma lúgubre
ahíto estoy y anda mi vida con todos los pies parecidos
crío el sobresalto me lleno de terror transparente
estoy solo en una pieza sin ventanas
sin tener qué hacer con los itinerarios extraviados
veo llenarse de caracoles las paredes como orillas de buques
pego la cara a ellas absorto profundamente
siguiendo un reloj no amando la noche quiero que pase
con su tejido de culebra con luces
guirnalda de fríos mi cinturón da vuelta muchas veces
soy la yegua que sola galopa perdidamente a la siga del alba
muy triste
agujero sin cesar cuando acompaño con mi sordera estreme-
ciéndose
saltan como elásticos o peces los habitantes acostados

mis alas absorben como el pabellón de un parque con olvido
amanecen los puertos como herraduras abandonadas
ay me sorprendo canto en la carpa delirante
como un equilibrista enamorado o el primer pescador
pobre hombre que aíslas temblando como una gota
un cuadrado de tiempo completamente inmóvil

EL mes de junio se extendió de repente en el tiempo con se-
    riedad y exactitud
como un caballo y en el relámpago crucé la orilla
ay el crujir del aire pacífico era muy grande
los cinematógrafos desocupados el color de los cementerios
los buques destruidos las tristezas
encima de los follajes
encima de las astas de las vacas la noche tirante su trapo bai-
    lando
el movimiento rápido del día igual al de las manos que detie-
    nen un vehículo
yo asustado comía
oh lluvia que creces como las plantas oh victrolas ensimisma-
    das
personas de corazón voluntarioso todo lo celebré
en un tren de satisfacciones desde donde mi retrato
tiene detrás el mundo que describo con pasión
los árboles interesantes como periódicos los caseríos los rieles
ay el lugar decaído en que el arco iris
deja su pollera enredada al huir
todo como los poetas los filósofos las parejas que se aman
yo lo comienzo a celebrar entusiasta sencillo
yo tengo la alegría de los panaderos contentos y entonces
amanecía débilmente con un color de violín
con un sonido de campana con el olor de la larga distancia

DEVUÉLVEME la grande rosa la sed traída al mundo
a donde voy supongo iguales las cosas
la noche importante y triste y ahí mi querella
barcarolero de las largas aguas cuando
de pronto una gaviota crece en tus sienes mi corazón está can-
    tando
márcame tu pata gris llena de lejos
tu viaje de la orilla del mar amargo oh espérame
el vaho se despierta como una violeta es que
a tu árbol noche querida sube un niño
a robarse las frutas
y los lagartos brotan de tu pesada vestidura
entonces el día salta encima de su abeja
estoy de pie en la luz como el medio día en la tierra
quiero contarlo todo con ternura
centinela de las malas estaciones ahí estás tú
pescador intranquilo déjame adornarte por ejemplo
un cinturón de frutas dulce la melancolía
espérame donde voy ah el atardecer
la comida las barcarolas del océano oh espérame
adelantándote como un grito atrasándote como una huella
    oh espérate
sentado en esa última sombra o todavía después
todavía

Notas

HERNÁN LOYOLA

Índice
de primeros versos

Abreviaturas

AT   *Álbum Terusa 1923*, documento transcrito en *AUCh*, núm. 157-160, Santiago, 1971.

AUCh   Revista *Anales de la Universidad de Chile*, Santiago.

BC   Biblioteca Contemporánea, colección de Editorial Losada.

BCC   Biblioteca Clásica y Contemporánea, la misma con nuevo nombre.

CDB   Revista *Caballo de Bastos*, Santiago.

CDT   Neruda, *Cuadernos de Temuco*, Buenos Aires, Seix Barral, 1996.

CHL   Neruda, *Cuaderno Helios 1920*, transcrito en *RIV*.

CMR   Neruda, *Cartas de amor*, Madrid, Rodas, 1974.

CNR   Neruda, *Cuaderno Neftalí Reyes 1918-1920*, documento transcrito parcial y defectuosamente en *CDT*.

HOE   Neruda, *El hondero entusiasta*, 1933.

NJV   *Neruda joven*, Madrid, edición del Banco Exterior de España, 1983.

OC   Neruda, *Obras completas*, 1957, 1962, 1968, 1973.

RIV   Neruda, *El río invisible*, Barcelona, Seix Barral, 1980. Compilación póstuma de textos dispersos.

THI   Neruda, *Tentativa del hombre infinito*, 1926.

Crepusculario

Composición

El libro reunió textos escritos entre mayo de 1920 y mayo de 1923. De los textos más antiguos hay primeras versiones en *Cuaderno Neftalí Reyes 1918-1920*, parcial y defectuosamente publicado bajo el título *Cuadernos de Temuco* y en el *Cuaderno Helios 1920*, transcrito en *El río invisible*, 1980, pp. 55-102. Los textos procedentes de *CNR** son todos de 1920: «Pantheos» (mayo), «Sensación de olor» (¿octubre?), «Campesina» (noviembre), «Maestranzas de noche» (noviembre), «El nuevo soneto a Helena» (noviembre). Aparte de reproducir con variantes tres de éstos (1, 3, 5), *CHL* anticipó los poemas «Inicial», «Grita» y «Las palabras del ciego» [= «Viejo ciego, llorabas»], escritos entre octubre de 1920 y marzo de 1921, antes del traslado de Neruda desde Temuco a Santiago para iniciar estudios en la universidad. La fase siguiente de la escritura de *Crepusculario* (marzo 1921-marzo 1922) incluyó «Oración» y «Sinfonía de la trilla» que prolongaron el optimismo profético de la fase inicial. El resto de 1922 introdujo en cambio un período de transición caracterizado por las improvisas dudas e incertidumbres que registraron «Los jugadores», «El ciego de la pandereta», «Barrio sin luz», «Farewell», «Aromos rubios en los campos de Loncoche», poemas anticipados entre junio y octubre de ese año por la revista *Claridad*. La fase final (primera mitad de 1923) fue la que definió el título y el amargo sabor a derrota que terminó por impregnar la entera compilación: «Playa del Sur», «Morena, la Besadora», «El castillo maldito», «El estribillo del turco», «Tengo miedo» y toda la sección «Los crepúsculos de Maruri».

Ediciones principales

(1) *Crepusculario*, Santiago, Editorial Claridad, 1923. Ilustraciones de Juan Gandulfo, Juan Francisco González (hijo) y Barack, 180 pp. sin numerar. Formato 13 × 13 cm. *Claridad* era una de las publicaciones de la Federación de Estudiantes [universitarios] de Chile,

---

* Véase «Abreviaturas», p. 100.

FECh. La primera sección, «Helios y las canciones», traía este epígrafe de Frédéric Mistral: «lou souleu mi fai canta».

(2) *Crepusculario*, Santiago, Nascimento, 1926, 168 pp. Esta 2.ª edición modificó la primera así: (a) introdujo la dedicatoria a Juan Gandulfo; (b) la sección I suprimió su título mismo, «Helios», el epígrafe de F. Mistral y el poema «Inicial»; (c) la sección IV eliminó el poema «Égloga absurda» y lo sustituyó definitivamente por «El pueblo», ya publicado –con anterioridad a la primera edición– en *Zig-Zag*, núm. 941 (3.3.1923). Esta edición de 1926 será reproducida por las sucesivas hasta la de Buenos Aires, Losada, 1967.

(3) *Crepusculario*, Buenos Aires, Losada, 1961, 166 pp., BC, núm. 297. Primera edición impresa fuera de Chile en volumen autónomo.

(4) *Crepusculario*, Buenos Aires, Losada, 1967, 109 pp., BCC, núm. 297. Texto establecido por H. Loyola (con aprobación de Neruda). Esta edición, la más importante desde la de 1926, implicó una revisión crítica del texto y de la estructura misma del libro: (a) repuso el título «Helios y las canciones» y el poema «Inicial» en la sección I; (b) cerró al final de la estancia 4 –y no al final de la 3, como ocurría en las ediciones anteriores– el paréntesis del poema «Farewell», acogiendo así la sugerencia de Raúl Silva Castro en su *Pablo Neruda*, Santiago, Universitaria, 1964, p. 44; (c) precisó títulos y delimitó textos de la sección «Los crepúsculos de Maruri»; (d) mantuvo las restantes modificaciones de la edición de 1926, en particular la dedicatoria a Juan Gandulfo y el poema «El pueblo» en lugar de «Égloga absurda».

(5) *Crepusculario*, edición de Hernán Loyola, Santiago, Nascimento, 1971, 109 pp., Biblioteca Popular Nascimento. Reprodujo el texto establecido para la edición Losada de 1967, con una errata en el poema «Playa del Sur», v. 32: «con *la mano* en la frente...», en vez de «*las manos*».

(6) *Crepusculario [1920-1923]*, en Pablo Neruda, *Obras completas*, Buenos Aires, Losada, 1973, tomo I, pp. 35-79. Reprodujo el texto establecido por H. Loyola para la edición Losada de 1967.

Apartados

(1) *Puentes*, Santiago, Imprenta Ferrocarriles del Estado, 1962. Tarjetón a colores, plegado.

(2) *Farewell*, Santiago, edición del Centro Brasileiro de Cultura, Embajada del Brasil en Chile, 1963 (marzo), 19 pp. Cuadernillo bilingüe: texto original y traducción al portugués por Thiago de Mello.

(3) «*Crepusculario*» *en germen*, Santiago, Dirección de Bibliotecas, Archivos y Museos (DIBAM), 1998. Carpeta con 10 facsímiles de originales manuscritos de *Crepusculario*.

Textos: anticipaciones y variantes

INICIAL. (Página 17.) — (1) «Inicial», en *CHL*, versión original que falta en *RIV*. Variante: vv. 5-6, «Cerré, cerré los labios –Pero en rosas tremantes / se me escapó la voz que casi nadie siente». — (2) «Inicial», *Claridad*, núm. 12, Santiago, 22.1.1921.

PANTHEOS. (Página 18.) Es el más antiguo de los poemas del libro. — (1) «Pantheos», fechado «Mayo, 1920» en *CNR*, versión original reproducida (defectuosamente) en *CDT*, p. 181. Variantes: v. 2, «tus manos buenas»; v. 4, coma tras «tuviste»; v. 10, «qué es lo que eres»; v. 11, «de toda carne clara». — (2) «Pantheos», *Claridad*, núm. 12, Santiago, 22.1.1921.

VIEJO CIEGO, LLORABAS. (Páginas 18-19.) — (1) «Las palabras del ciego», en *CHL*, versión original que falta en *RIV*. Variantes: título; v. 6, «con las puertas cerradas de la tierra y el mar». — (2) «Las palabras del ciego», *Siembra*, núm. 10, Valparaíso, octubre 1920. La fecha real de publicación es probablemente más tardía: comienzos de 1921. — (3) «Las palabras del ciego», *Claridad*, núm. 12, Santiago, 22.1.1921. — (4) «Las palabras del ciego», diario *La Mañana*, Temuco, 6.2.1921.

EL NUEVO SONETO A HELENA. (Página 19.) Versión original fechada «XI-1920» en *CNR* y en *CHL*: falta en *CDT* (por descuido del editor) y en *RIV*. Variantes: v. 12, «porque murió mi adolescencia»; v. 13, «dan su esencia».

SENSACIÓN DE OLOR. (Página 20.) Hay versión original en *CNR* (recogida en *CDT*, p. 213), donde Neruda tachó con lápiz azul el título original, «Nostalgia», sustituyéndolo por el actual; v. 6, «En el cielo de seda»; v. 9, «Allá lejos campanas, novenas, misas, ansias»; v. 10, «vírgenes que tenían azules las pupilas»: sobre esta versión original Neruda tachó «azules» y escribió el «tan dulces» definitivo.

MORENA, LA BESADORA. (Páginas 21-22.) *Claridad*, núm. 86, Santiago, 5.5.1923.

ORACIÓN. (Páginas 22-23.) *Claridad*, núm. 43, Santiago, 19.11.1921.

EL ESTRIBILLO DEL TURCO. (Páginas 24-25.) *Claridad*, núm. 90, Santiago, 2.6.1923.

EL CASTILLO MALDITO. (Página 26.) *Claridad*, núm. 88, Santiago, 19.5.1923.

FAREWELL. (Páginas 27-29.) «Canción de adiós» en *Claridad*, núm. 66, Santiago, 26.8.1922. Desde la edición Losada de 1967, el paréntesis incluyó también –en coherencia con la estructura significante del texto– la estancia 4, no sólo la 3 como hasta entonces.

LOS JUGADORES. EL CIEGO DE LA PANDERETA. BARRIO SIN LUZ. (Páginas 30-32 y 36.) Estos tres poemas, reunidos bajo el título común «Glosas de la Ciudad» y dedicados a Magdalena Thompson, se publicaron en *Claridad*, núm. 57, Santiago, 24.6.1922.

MAESTRANZAS DE NOCHE. (Páginas 33-34.) — (1) Versión original en *CNR* fechada «XI-1920» (y recogida en *CDT*, p. 223): v. 5, «país desconsolado»; los vv. 9-10 venían encerrados por un paréntesis; v. 14, «Tanteando como niños recién nacidos corren». — (2) «Maestranza [*sic*] de noche», *Claridad*, núm. 12, Santiago, 22.1.1921.

AROMOS RUBIOS EN LOS CAMPOS DE LONCOCHE. (Página 34.) *Claridad*, núm. 72, Santiago, 7.10.1922.

GRITA. (Página 35.) Versión original en *CHL* (no recogida en *RIV*): v. 2, «cuida de no embrujarme»; vv. 3-4, «porque antes era bueno sin tus dos alas claras / y porque no tenía tu sangre ni tu voz»; v. 8, «sé rompiente que estalla»; los vv. 13-16 de la versión definitiva faltaban en *CHL*.

HOY, QUE ES EL CUMPLEAÑOS DE MI HERMANA. (Página 44.) Pegada a la última página del *Álbum Terusa 1923* hay una hoja de papel fino con una versión dactiloscrita de este poema, fechada al pie «Santiago, abril 18 / 1923», sin variantes de notar, salvo el título: «A mi hermana, porque es su cumpleaños, escribo».

TENGO MIEDO. (Página 46.) «Hora de otoño» en *Zig-Zag*, núm. 952, Santiago, 19.5.1923.

CAMPESINA. (Página 47.) — (1) Versión original en *CNR* fechada «noviembre 1920» (y recogida en *CDT*, p. 214): vv. 11-12, «humedecidas en el embeleso / de ser limpias así como un cristal». — (2) «Campesina», *Claridad*, núm. 12, Santiago, 22.1.1921.

PLAYA DEL SUR. (Páginas 50-51.) — (1) Versión original manuscrita en *AT*, fechada al pie «Imperial Bajo / Segundo mes de / 1923», con variantes sólo en la puntuación. — (2) «Playa del Sur», *Claridad*, núm. 85, Santiago, 28.4.1923.

MANCHA EN TIERRAS DE COLOR. (Página 52.) Versión original manuscrita en *AT*, fechada al pie «Febrero 9 o 10 [1923]»: v. 2, «durmiendo a la orilla»; v. 6, «movida y borrosa»; v. 7, «en el agua se copia mi camisa suelta», lección que Neruda corrigió sobre la marcha poniendo entre paréntesis «en» y «se copia» y escribiendo «retrata» sobre el verso; v. 13, «corazón de la tierra».

EL PUEBLO. (Página 53.) *Zig-Zag*, núm. 941, Santiago, 3.3.1923. Poema incorporado al libro desde la edición de 1926, en sustitución de «Égloga absurda».

FINAL. (Páginas 60-61.) *Claridad*, núm. 99, Santiago, 4.8.1923.

Texto eliminado a partir de la 2.ª ed. (1926)

Égloga absurda

Todos los versos que no he escrito
me van cantando en el corazón
con la sencillez de un pajarito
que al despertar da su canción.

Yo tengo el tiempo en las arterias
que desembocan en mi ser,
yo tengo en mí la noche seria,
el alba y el atardecer.

Cóncava copa de mis brazos
sostiene mi aroma espiritual,
oh maravilla esta del vaso
de carne unánime y sensual
que retoña en la poma sangrante
de la mejilla palpitante
y el pecho, caja de cristal...

Caja de cristal en donde
sensible y cálido se esconde
el pajarito del corazón
que canta un verso nunca escrito...

Oh canta y canta pajarito,
que está mi vida en tu canción!

El hondero entusiasta

Originales

Algunos originales manuscritos fueron conservados en *Álbum Te-rusa 1923*, documento transcrito en *Anales de la Universidad de Chile*, núm. 157-160 (1971), pp. 45-55. Primeros versos: «Déjame sueltas las manos», «Es cierto, amada mía, hermana mía, es cier-to!», «Canción del macho y de la hembra!», «Cuando recuerdo que tienes que morirte» y «Amiga, no te mueras». De estos originales, los tres primeros corresponden a los poemas 6, 12 y 9 del libro. El cuarto permaneció inédito hasta la publicación de *AT** en *AUCh* (1971). El quinto es una versión embrionaria del poema 5.

Otros originales (manuscritos y dactiloscritos) fueron conserva-dos por Albertina Azócar y publicados con posterioridad a la muer-te de Neruda en dos diferentes compilaciones documentales: *Cartas de amor* y *Neruda Joven*. Primeros versos: «Eres toda de espumas delgadas y ligeras», «Siento tu ternura allegarse a mi tierra», «Sed de ti que me acosa en las noches hambrientas», «Amiga, no te mue-ras», «Alma mía! Alma mía! Raíz de mi sed viajera», «Llénate de mí», «Esclava mía, témeme. Ámame. Esclava mía!». De estos origi-nales, los tres primeros corresponden a los poemas 3, 4 y 11 del libro y hay transcripción de ellos tanto en *CMR* como en *NJV*. Los suce-sivos, que corresponden a los poemas 5, 7, 8 y 10, se transcriben sólo en *CMR*. La elegante y sofisticada edición *NJV* trae además facsímiles separados −y «realistas»− de cada uno de los originales transcritos (poemas y cartas).

Composición

Desde comienzos de 1923, al menos desde febrero, hasta comienzos de 1924. El original manuscrito del poema 4, fechado «Marzo 1923», traía en un ángulo del reverso la fórmula *El Flechero Entusiasta*, probable título primitivo del proyecto. Importa señalar que los poe-mas conocidos del *Hondero* son los textos residuales de un *proyec-to*: es decir, formaron parte de una serie de poemas *programática-mente* escritos a lo largo de 1923, en paralelismo con −y en

* Véase «Abreviaturas», p. 100.

«oposición» a– la escritura en cambio *casual* de otros poemas que serán recogidos en *Veinte poemas de amor.* Eran los poemas del *Hondero* los que Neruda quería publicar bajo forma de libro en 1924 (para su vigésimo cumpleaños y para fundar su fama) y es muy probable que a fines de 1923 estuviera ya preparando un cuaderno con los originales elegidos. Sólo en segundo o tercer término le interesaba reunir y publicar los textos que después (agregando otros nuevos) devendrán los *Veinte poemas de amor.* La respuesta positiva del uruguayo Carlos Sabat Ercasty (a quien Neruda interrogó por carta sobre si reconocía influencia de su poesía en los textos del *Hondero* adjuntos) cambió los planes del poeta chileno. Herido en su orgullo o, mejor, en la imagen idealizada de sí mismo que por entonces cultivaba, a comienzos de 1924 Neruda abandonó a su suerte los textos originales del proyecto *Hondero,* los relegó al olvido. Muchos se perdieron: «El libro original contenía un número mucho mayor de composiciones que, si faltan en este cuaderno, es porque se extraviaron para siempre» (prólogo del autor a la 1.ª edición, enero de 1933). «Este libro fue de sesenta o setenta largos poemas y, fuera de cuatro publicados en *Dionysos* y uno salido en *Atenea,* los demás murieron inéditos» («Refuta influencias indirectas», *La Nación,* Santiago, 14.10.1930: carta a Alone, fechada en Java, Indias Holandesas, el 15.7.1930). Los dos citados testimonios de Neruda, a siete y a nueve años de distancia de la escritura aludida, sugieren el recuerdo de un voluminoso proyecto de libro. Otra carta a Alone (Hernán Díaz Arrieta), pero de la segunda mitad de 1923, anunciaba en efecto: «He escrito un poco. Tengo "El hondero entusiasta", le enviaré una copia, acúseme recibo. Seguirán en libros aparte: "La mujer del hondero", "La ciudad del hondero" y "La trompeta en los bosques". Poesía grande, pero pequeña delante de la que pienso» (cit. en *CMR,* p. 81). La respuesta de Sabat Ercasty ahogó ese proyecto y determinó en cambio, como solución alternativa de repliegue, la publicación de los *Veinte poemas* en junio de 1924.

Al regresar a Chile tras un largo «exilio» en Oriente (abril 1932), Neruda atravesó un año terrible en los planos económico, afectivo y creativo. Peligraban su trabajo (?) en el Ministerio de Relaciones Exteriores y su matrimonio. Situación deprimente. Para compensar su crisis de esterilidad poética y el naufragio de sus nuevos esfuerzos, Neruda se dedicó a reeditar lo ya publicado (segunda edición de *Veinte poemas,* Nascimento, 1932) y a publicar lo ya escrito (la primera *Residencia,* Nascimento, 1933). En esta óptica se explica el desentierro del proyecto *Hondero* que a comienzos de 1924 había sepultado para siempre. Durante 1932 logró recuperar, con la muy probable colaboración de su hermana Laura y de Albertina Azócar, los doce textos que constituirán el libro y a los cuales antepuso una «Advertencia» (fechada «Enero de 1933») que denunciaba su estado de ánimo aparte un cierto embarazo por tener que renegar de su antigua decisión al respecto.

Ediciones principales

(1) *El hondero entusiasta 1923-1924*, Santiago, Empresa Letras, 1933 (enero 24), serie Cuadernos de Poesía, núm. 2, 34 pp. Fecha de impresión en solapa de cubierta: «24-1-1933». Empresa Letras era una editora popular (libros de difusión masiva a bajo precio) muy activa en Chile durante los años treinta (en competición con Ercilla y Zig-Zag). El opúsculo traía en la página 5 un retrato del poeta a tinta china, firmado Honorio, y en la misma página una «Advertencia del autor» fechada «Enero de 1933».

(2) *El hondero entusiasta 1923-1924*, Santiago, Empresa Letras, 1933 (mayo 5), serie Cuadernos de Poesía, núm. 2, segunda edición, 34 pp. En la solapa de cubierta: «5-v-1933». Reimpresión de la edición de enero 24, con esta diferencia gráfica: una caricatura firmada GEO (Georges Sauré), en lugar del retrato firmado Honorio, figuraba sobre la «Advertencia del autor» (que era la misma de la primera edición, de modo que cuando algunas ediciones posteriores –Ercilla 1938, e incluso *OC* 1957 y 1962– la reproduzcan a su vez llamándola «Advertencia a la segunda edición» se tratará sólo de un inútil equívoco). Las ediciones sucesivas del libro siguen hasta hoy el texto establecido por la *doble* primera edición de 1933.

(3) *El hondero entusiasta 1923-1924*, Santiago, Ercilla, 1938, colección Poetas de América, 86 pp. Edición reimpresa en 1940, 1941 y 1942. Que yo sepa, no hubo posteriores ediciones *autónomas* de este libro mientras vivió Neruda.

(4) *El hondero entusiasta. Tentativa del hombre infinito*, tomo 2 de *Obra poética de Pablo Neruda*, Santiago, Cruz del Sur, 1947. En esta edición los poemas traían como títulos las primeras palabras de cada verso inicial.

(5) *El hondero entusiasta*, en Pablo Neruda, *Poesías completas*, Buenos Aires, Losada, 1951, pp. 137-159. Por primera vez *HOE* se publicó fuera de Chile en esta compilación de Losada que precedió a la serie de *Obras completas* (1957, 1962, 1968, 1973).

(6) *El habitante y su esperanza. El hondero entusiasta. Tentativa*

del hombre infinito. Anillos, Buenos Aires, Losada, 1957 (enero),
Biblioteca Contemporánea, núm. 271, 95 pp. *HOE:* pp. 27-51. Hay
varias reimpresiones.

Textos: anticipaciones y variantes

La historia de los textos conocidos de *El hondero entusiasta* es muy
estable. Se pueden señalar sólo unas pocas variantes significativas en
los originales manuscritos o dactiloscritos de *AT, CMR* y *NJV.*

[POEMA] 1. (Páginas 67-69.) Bajo el título «El hondero entusias-
ta» en *Atenea,* núm. 4, Concepción, Chile, julio 1924. Significativa-
mente este poema fue el único de *HOE* excluido de la antología
Todo el amor (Santiago, Nascimento, 1953), varias veces reeditada
(cada vez con nuevos poemas) en vida de Neruda.

[POEMA] 2. (Páginas 69-71.) Incluido en Armando Donoso, ed.,
Nuestros poetas, antología, Santiago, Nascimento, 1924.

[POEMA] 3. (Páginas 71-72.) *CMR* y *NJV* reproducen el dactilos-
crito original: v. 3, «resonancias y estrellas», el autor corrigió a
mano «*de* estrellas»; vv. 13 y 24, «Sumérgeme en tu vida», «mi dé-
bil cabeza»: en estos versos tachó los términos *vida* y *débil* para sus-
tituirlos a mano con los de *nido* y *estéril* definitivos. El dactiloscri-
to, que sigue el sistema ortográfico de Andrés Bello entonces común
en Chile (*je* por *ge, i* por *y*), traía algunas correcciones de puntua-
ción que serán definitivas.

[POEMA] 4. (Páginas 72-73.) *CMR, NJV*: Albertina conservó un
precioso original manuscrito, fechado «Marzo 1923» y corregido
por el autor: v. 4, «de mi afán gastado», tachó «gastado» y puso
«de ti»; v. 17, tachó «mundo» como falso comienzo del verso; v. 21,
tachó «de las hojas y el viento y la vida?» y escribió (con lápiz de
otro color) el definitivo «de los vientos hambrientos y las hojas caí-
das?»; v. 25, «y latiendo sacude», tachó «sacude» y puso «se cim-
bra» (la ed. 1933 invirtió el orden: «se cimbra latiendo»); v. 35, ta-
chó «que» y puso «y» al comienzo del verso; entre los vv. 43 y 44,
eliminó con tachadura un verso que decía: «y torciéndose juntos
como dos llamaradas»; v. 45, tachó «como los vinos ebrios al rom-
perse las uvas» y escribió debajo el definitivo «como el licor del vino
del centro de la uva». Al reverso del manuscrito Neruda escribió en
un ángulo, en grandes caracteres y con lápiz verde: *El Flechero En-
tusiasta* (probable título original del proyecto).

[POEMA] 5. (Páginas 74-75.) — (1) Complejo y muy trabajado
manuscrito, cuya reproducción es difícilmente legible en *CMR:* v. 7,

«Miro caer los frutos *en el viento cargado de bocas*», el autor tachó
y sustituyó: «[...] en la tierra sombría»; vv. 11-25, dispuestos en or-
den diverso al de la edición definitiva. — (2) *AT* traía sólo el frag-
mento inicial –embrionario e interrumpido– de una primera tentati-
va de composición del texto:

> Amiga, no te mueras!
> Escúchame estos gritos que me salen ardiendo
> y que nadie diría si yo no los dijera.
>
> Amiga, no te mueras!
>
> Yo soy el que te llama en la estrellada noche
> ebrio de amor, perdido de amor y de belleza.
> Sobre las hierbas verdes, cuando el viento solloza
> y abre las alas ebrias.
>
> Yo soy el que te acecha en la estrellada noche
> cuando danza la ronda de las sombras inmensas.
> Bajo el cielo del Sur, el que te nombra cuando
> el aire de la tarde como una boca besa.

[POEMA] 6. (Páginas 75-76.) — (1) Manuscrito en *AT*: v. 9, «sa-
cudiendo la selva»; v. 14, «hacia tu cuerpo, hacia la noche, hacia los
astros», el autor tachó y debajo escribió «hacia tu cuerpo lleno,
como la noche, de astros». — (2) *Dionysos*, núm. 1, Santiago, di-
ciembre 1923. Versión corregida. — (3) Armando Donoso, ed.,
Nuestros poetas, antología, Santiago, Nascimento, 1924.

[POEMA] 7. (Páginas 76-77.) Manuscrito original: reproducción
difícilmente legible en *CMR*: entre los vv. 12 y 13 el autor eliminó
con tachadura un verso que decía: «Ah ya me duelen todas las vo-
ces que te alcanzan».

[POEMA] 8. (Páginas 77-79.) Manuscrito original: reproducción
de difícil lectura en *CMR*: entre los vv. 8 y 9 el autor eliminó con ta-
chadura un verso que decía: «la hora tuya de este vértigo que nos
entrega juntos».

[POEMA] 9. (Páginas 79-80.) — (1) Manuscrito en *AT*: v. 5, «en tu
extendida carne»; vv. 11-14, respecto a la versión definitiva, invertía
los módulos comparativos: «Me recibes / como el surco a la siembra.
/ Te recibo / como al viento la vela». — (2) *Dionysos*, núm. 1, San-
tiago, diciembre 1923. Versión corregida. — (3) Armando Donoso,
ed., *Nuestros poetas*, antología, Santiago, Nascimento, 1924.

[POEMA] 10. (Página 80.) Manuscrito original: reproducción de difícil lectura en *CMR*: v. 7, «Fugante como un halo de nieblas perseguidas»; entre los vv. 7 y 8 el autor eliminó con tachaduras dos versos que decían: «Eres como la danza del sol en la [*ilegible*]. / Mi corazón, a veces, te busca y no te alcanza».

[POEMA] 11. (Páginas 80-81.) — (1) Manuscrito original: reproducción en *NJV* (facsímil) y en *CMR*: donde el v. 2 traía «Ávida mano roja» el autor tachó «Ávida» y escribió más arriba el «Trémula» definitivo; el v. 6 decía: «en viaje hacia mis ojos, entre todos los hombres», el autor tachó el segundo hemistiquio y abajo escribió el definitivo «esperándote entonces»; el v. 7 terminaba con «me siguen», el autor tachó «siguen» y debajo escribió «acechan»; el v. 21 decía «La boca tiene sed, para qué están tus labios», el autor tachó «boca» y «labios» y sustituyó ambos por «ojos», con lo cual evitó que el v. 22 fuese sólo una débil repetición. — (2) En *OC* 1973 el final v. 26 comenzaba «Y en *ello* se aniquila». Corrijo según el manuscrito original: «Y en *ella* [en la sed] se aniquila».

[POEMA] 12. (Páginas 81-82.) — (1) Manuscrito en *AT*: entre los vv. 8 y 9 de la versión definitiva, *AT* repetía el verso inicial: «Es cierto, amada mía, hermana mía, es cierto!», eliminado después; el final v. 13 comenzaba: «las pupilas que tengo», seguramente por desatención del autor (el v. 12 iniciaba con «las pupilas sedientas») que después procedió a sustituir con el definitivo: «estos ojos que tengo». — (2) *Dionysos*, núm. 1, Santiago, diciembre 1923. Versión corregida. — (3) Armando Donoso, ed., *Nuestros poetas*, antología, Santiago, Nascimento, 1924.

Dos textos de la serie *Hondero* no recogidos por el libro

El primero de los dos poemas que siguen fue manuscrito por Neruda sólo en *AT*, en bien definida serie con los poemas 6, 9 y 12 –más el poema 5 en embrión– de *El hondero entusiasta*. Al momento de reunir los textos para la primera publicación de su libro, el *Álbum Terusa* 1923 no era disponible para el poeta (que además muy probablemente lo había olvidado). Ello explicaría la exclusión del poema que ahora definitivamente rescatamos (antes lo publiqué en *AUCh*, núm. 157-160, 1971, pp. 51-52). El segundo fue publicado en el número 1 de la revista *Dionysos* (diciembre 1923), encabezando una serie de cuatro poemas sin títulos propios (reunidos bajo el título común *Poemas*) y designados por cifras: los poemas 2, 3 y 4 eran respectivamente –otra vez– los poemas 9, 12 y 6 de *El honde-*

ro entusiasta. Puesto que Neruda recordaba bien esta publicación
de sus textos en *Dionysos* (véase carta del 15.7.1930 a Alone, arriba
citada), cabe interrogarse en cambio por qué este segundo poema no
fue recogido en *HOE* 1933. ¿Exclusión deliberada?

I

Cuando recuerdo que tienes que morirte
me dan deseos de no irme nunca,
de quedarme siempre!

Por qué vas a morirte? Cómo vas a morirte?

Te cerrarán los ojos, te juntarán las manos
como se las juntaron a mi madre al morirse,
y será el viaje, el hondo viaje que no conoces
y que yo no conozco porque tú me quisiste.

No te llevaré yo de la mano
y no descansarás en mis palabras tristes,
irás
como viniste,
sola, sin este cuerpo que arrullaron mis besos
y que se tragará la tierra en que dormiste.

Déjame poseerte para que en mí perdures,
deja que te cimbre el viento del corazón
y como una corola vácia tu perfume!

Bésame hasta el corazón.
Encuéntrame ahora para que después no me busques.
Entiérrate en los surcos que me van enterrando
y entrégate en mis frutos más altos y más dulces.
Que tus ojos se acaben de mirarse en los míos.
De llegar a mis labios que tus senos maduren.
Despréndete de mis canciones
como la lluvia de las nubes.
Sumérgete en las olas que de mí van naciendo.
Quémate para que me alumbres.

(Álbum Terusa 1923)

2

Mujer, quiero que seas como eres,
así surgiendo apenas de la oscuridad,
como te veo ahora, como nunca
más te veré.

Como nunca más. Por eso quiero
que seas como eres en este instante,
que se detenga el tiempo en tu mirada,
en este amor
que de ti se desprende como una fruta de una rama.

Inmóvil frente a mí, tú serás mi destino.
Yo, en cambio, no soy nada.
Soy la actitud mirante de todas las cosas
que hacia ti convergen y desde ti se apartan.

Soy el cerco apretado de musgos que rodea
la gloria del rosal que estalla,
o la cinta del río multiplicada en gotas
en cada piedra de las montañas.

Mujer, inútil el deseo
e inútiles todas las palabras.
Cambias como el dolor en el minuto,
como la luz en el agua.

Mírame mucho
en los ojos abiertos que cerraré mañana
para guardar en ellos tu mirada
contra el turbión del tiempo
que llueve siempre lágrimas!

(*Dionysos*, núm. 1, Santiago, diciembre 1923)

Tentativa del hombre infinito

Composición

Desde fines de 1924 hasta no más allá de octubre de 1925 Neruda escribió los quince textos de este libro, que se terminó de imprimir en las últimas semanas de ese año. Su escritura tuvo conexión sentimental al menos con dos figuras femeninas: una persistente, Albertina Azócar; la otra efímera y poco conocida, Laura Arrué (que hacia fines de la década se casó con Homero Arce, también amigo de Neruda como Ángel Cruchaga Santa María, el poeta que esposó a Albertina en ese mismo período). Gracias a ellas disponemos de dos originales manuscritos de *THI*,* correspondientes a los poemas (o fragmentos del *poema* global) que comienzan: «al lado de mí mismo señorita enamorada» en una carta a Albertina (facsímil en *NJV*; transcrito en *CMR*); «cuando aproximo el cielo con las manos» en un álbum de Laura que forma parte de la nerudiana personal de Robert Pring-Mill (hay reproducción facsimilar en *AUCh*, 1971).

Ediciones principales

(1) *Tentativa del hombre infinito*, Santiago de Chile, Editorial Nascimento, 1926 (enero), 44 pp. sin numerar. En p. 5: *poema de pablo neruda*. Texto dividido en 15 partes separadas por espacios blancos e impresas sin signos de puntuación ni mayúsculas. En realidad el libro se terminó de imprimir en diciembre de 1925. Hasta 1964 no habrá otra edición autónoma de esta breve compilación.

(2) *Tentativa del hombre infinito*, texto completo en Pablo Neruda, *Selección*, importante antología organizada y anotada por Arturo Aldunate Phillips, Santiago, Nascimento, 1943. Texto completo también en la 2.ª edición aumentada, Santiago, Nascimento, 1949.

(3) *Tentativa del hombre infinito*, texto completo en el tomo 2 de *Obra poética de Pablo Neruda*, Santiago, Cruz del Sur, 1947.

(4) *Tentativa del hombre infinito*, en Pablo Neruda, *Poesías completas*, Buenos Aires, Losada, 1951. Primera impresión fuera de Chile.

(5) *Tentativa del hombre infinito*, en Pablo Neruda, *Obras completas*, Buenos Aires, Losada, 1957 (enero). Ediciones 1962, 1968, 1973.

* Véase «Abreviaturas», p. 100.

(6) *Tentativa del hombre infinito*, en Pablo Neruda, *El habitante y su esperanza. El hondero entusiasta. Tentativa del hombre infinito. Anillos*, Buenos Aires, Losada, 1957 (enero), BC, núm. 271. Este volumen compilativo fue de hecho un *separatum* extraído de la contemporánea primera edición de *Obras completas*, Buenos Aires, Losada, 1957 (enero). Ediciones sucesivas en BC y BCC, núm. 271: 1964, 1968.

(7) *Tentativa del hombre infinito*, Santiago de Chile, Editorial Orbe, junio 1964, 47 pp., colección El Viento en la Llama, 2.ª serie, núm. 8, edición y nota bibliográfica de Jorge Sanhueza. Al cabo de 38 años, finalmente otra edición independiente, bastante fiable a pesar de algunos descuidos de detalle que señalo más abajo.

Nuestra edición se basa en *THI* 1926 (y teniendo cuenta de *THI* 1964), entre otras cosas porque la transcripción de *THI* en la última edición Losada de *Obras completas* (*OC* 1973) es particularmente descuidada, sobre todo en el establecimiento de los límites de los textos (así el fragmento 13 cuyo primer verso es «veo una abeja rondando no existe esa abeja ahora»). Pero nadie que intente editar el libro restará libre de pecados, si damos crédito a lo que el poeta recordará muchos años después:

Ciertas erratas del pasado me traen la nostalgia de calles y caminos que ya no existen. Se trata de las que se conservan aún en las reimpresiones de mi libro *Tentativa del hombre infinito*.

Por aquel tiempo abolíamos, como ahora se vuelve a hacer, signos y puntuación. Queríamos, en nuestra poesía, una pureza irreductible, lo más aproximado a la desnudez del pensamiento, al íntimo trabajo del alma.

Así, cuando tuve en mis manos las primeras pruebas de aquel pequeño libro que editaba don Carlos Nascimento, divisé con placer un cardumen de erratas que palpitaban entre mis versos. En vez de corregirlas devolví intactas las pruebas a don Carlos, que, asombrado, me dijo:

–Ninguna errata?

–Las hay y las dejo –respondí con soberbia.

(«Erratas y erratones», *Ercilla*, núm. 1.782, Santiago, 13.8.1969, y en *Para nacer he nacido*, 1974, p. 246.)

Textos: anticipaciones y variantes

La primera edición traía en p. 5: *poema de pablo neruda*, con lo cual el ánimo vanguardista del autor –transitoriamente extremo en esta ocasión– quiso proponer el libro como un poema único dividido en 15 partes o fragmentos, y no como una compilación de poemas. Aparte los espacios blancos de separación entre dichas partes, el texto no traía signos de puntuación ni mayúsculas. Pero la *Tentativa* no había sido escrita como un único poema sino como textos más o menos independientes a los que el autor impuso *a posteriori* un diseño formal arbitrario, convencionalmente unificante y al mismo tiempo abierto por ambos extremos, sugiriendo un solo texto sin comienzo ni fin (*infinito*, precisamente). A decir verdad ni siquiera el poeta mismo creía mucho en su propia convención, como lo prueban la inserción (más o menos «normalizada») de algunos fragmentos en cartas a sus mujeres y/o las publicaciones separadas de los mismos o de otros fragmentos. Los textos no incluidos en el siguiente elenco carecen de una significativa historia de variantes respecto a la versión de *THI* 1926 que aquí sigo.

[CIUDAD DESDE LOS CERROS...] (Página 87.) *OC* 1973: v. 9, «el pasto de tréboles negros».

[ESTRELLA RETARDADA...] (Página 88-89.) *OC* 1973: v. 8, «se da vuelta la noche».

[NO SÉ HACER EL CANTO DE LOS DÍAS...] (Páginas 89-90.) *THI* 1926: v. 7, «los planetas dan vuelta como husos entusiastas» (en este caso he preferido las lecciones de *THI* 1964 y *OC* 1973: *vueltas*). — *OC* 1973: v. 12, «hacia dónde».

[TORCIENDO HACIA ESE LADO...] (Páginas 90-91.) En *La Nación*, Santiago (23.1.1925), bajo el título «Un poema de Pablo Neruda» hay versión que difiere de *THI* 1926 y 1964 en lo siguiente: v. 11, «blancas ruedas de piedra»; v. 14, «moviéndose a la orilla de las redes»; v. 15, «tu cabeza venciéndose»; entre los vv. 17 y 18 hay tres versos que fueron eliminados por *THI* 1926: «tu cuerpo corre debajo de mi mano / la tarde se construye debajo de los árboles / porque te apoyas a ese lado fatigada querida»; en lugar de los vv. 20-21 definitivos, cuatro versos que fueron eliminados –casi completamente– por *THI* 1926: «grandes correas de viento fustigan el día retrasado / cascabeles a ese lado de la montaña / es que ese país sólo nos pertenece / y cada día levantamos el alba con las manos». — *THI* 1964, v. 2: «tus sonrisas».

[CUANDO APROXIMO EL CIELO CON LAS MANOS...] (Página 91.) *AUCh*, pp. 157-160 (1971) trae la reproducción fotográfica del original manuscrito por Neruda en el álbum de Laura Arrué, fechado «Santiago 26 de julio de 1925», cuya versión difiere de *THI* 1926 y 1964 en lo siguiente: v. 4, «gira el año de los calendarios y caen los días del mundo como hojas»; v. 6, «ahora el sur mojado o verde no me acuerdo»; en v. 12 falta «y» tras «parientes». — Hay anticipación

en la revista *Andamios*, núm. 2, Santiago (enero 1925), que no he po-
dido consultar. — *OC* 1973: invierte el orden de los vv. 3-4.

[AL LADO DE MÍ MISMO SEÑORITA ENAMORADA...] (Pági-
nas 91-92.) La versión manuscrita por Neruda en carta sin fecha a
Albertina (facsímil en *NJV*, transcripción en *NJV* y en *CMR*) es una
versión parcialmente «normalizada» con algunos signos de puntua-
ción y con algunas mayúsculas, sin duda para facilitar la lectura de
la destinataria. La misma versión, pero no *normalizada*, se publicó en
la revista *Dínamo*, núm. 1, Concepción (1925), bajo el título «Can-
ción para su destino». *Dínamo* transcribió sin duda el verdadero ori-
ginal del texto en esa fase de la elaboración de *THI*, actualizando la
constante voluntad de vanguardismo formal que gobernó la escritura
del libro. Por lo cual los signos de *normalización* en el manuscrito
son, en rigor, desestimables, aunque a veces pueden aclarar la inten-
ción del texto, como es el caso del interrogativo que cierra el v. 2:
«quién sino tú como el alambre ebrio es una canción sin título?». —
Variantes (comunes a ambas versiones, salvo cuando se precisa diver-
samente): v. 13, «y te beso la boca mojada *de* crepúsculo»; v. 15, tan-
to el editor de *NJV* como el de *CMR* leen mal la palabra *criaría* que
trae el manuscrito (y que traen también *Dínamo* y *THI* 1926 y 1964)
y ambos transcriben «Para significarte *amaina* una espiga»: la curio-
sa coincidencia sobre *amaina*, término no frecuentísimo, indicaría
que muy probablemente el editor de *NJV*, con dificultad para desci-
frar en este punto la grafía del manuscrito, en vez de acudir a *OC* o a
cualquiera edición de *THI* consultó y repitió la equivocada lectura de
CMR, publicada antes; v. 22, «eres la luz distante que madura las fru-
tas»; v. 24, «listo para la gran partida»; v. 25, falta el segmento «na-
vío siempre en viaje» que cierra el verso y el poema. — *THI* 1964 y
OC 1973: v. 6, «en la noche de paredes azules *altas* sobre tu frente».

[ADMITIENDO EL CIELO...] (Páginas 93-94.) Presumo que la pu-
blicación de este fragmento en el número 3 de *Caballo de Bastos*
(1925), título «Canto de las ansiedades», se basó en un original
apenas anterior al que Neruda entregó a Nascimento, pues no trae
variantes respecto a *THI* 1926 salvo ese *denantes* que encabeza
el v. 14: «denantes el cielo era una gota».

[VEO UNA ABEJA RONDANDO...]. (Páginas 94-96.) Fragmento
publicado también por *Caballo de Bastos*, núm. 3 (1925), título
«Poesía escrita de noche», con variantes que parecen confirmar un
original muy poco anterior al de *THI* 1926: v. 2, «mientras gol-
peas»; v. 26, «veo llenarse las paredes de caracoles». *CDB* fue una
revista que sustituyó a *Andamios* a partir de este número 3 arriba
mencionado, único que dirigió Pablo Neruda. — *THI* 1964: v. 7,

«estrellas»; v. 26, «como orillas de buque». (*CDB* 1925, *THI* 1926
y *OC* 1973: «estrella», «buques»). — *OC* 1973 (p. 112-113) equivoca el comienzo de este fragmento. — *OC* 1973: v. 30, «mi cinturón da muchas veces», donde *CDB* 1925 y *THI* 1926 y 1964 traen: «mi cinturón da *vuelta* muchas veces». — Problema en v. 2: *THI* 1926 dice «*golpes*» por errata, pero el tipógrafo ¿puso la «s» en lugar de la «a» (de *golpea*) u omitió la *a* (de *golpeas*)? *THI* 1964 y *OC* 1973 reportan «golpea». Arriesgo preferir la lección *golpeas* de *CDB* en cuanto versión prácticamente contemporánea a *THI* 1926.

ÍNDICE DE PRIMEROS VERSOS

ÍNDICE GENERAL

El hondero entusiasta
[1923-1924]

tentativa del hombre infinito
[1925]

Obra de Pablo Neruda en DeBolsillo

EDICIÓN DE HERNÁN LOYOLA